Dios mío, hazme viuda por favor

POR LA SUPERACIÓN DEL SER HUMANO Y SUS INSTITUCIONES

Josefina Vázquez Mota

Dios mío, hazme viuda por favor

(El desafío de ser tú misma)

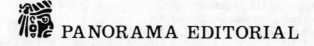

PANORAMA EDITORIAL

DIOS MIO HAZME VIUDA POR FAVOR

Copyright © by Josefina Vázquez Mota

Primera edición: 1999
Decimasegunda reimpresión: 2001
© Panorama Editorial, S.A. de C.V.
Manuel Ma. Contreras 45-B
Col. San Rafael 06470 - México, D.F.

Tels.: 55-35-93-48 • 55-92-20-19
Fax: 55-35-92-02 • 55-35-12-17
e-mail: panorama@iserve.net.mx
http://www.panoramaed.com.mx

Printed in Mexico
Impreso en México
ISBN 968-38-0845-X

A Sergio, con todo mi amor
A María José, Celia Ma. y Monserrat, mis hijas
A mi mamá, constructora de alas y realizadora de sueños
A mi papá, que vive desde lo profundo
A mis hermanos, que me aman sin condiciones

Índice

Introducción

¿Quién es mi principal contrincante? Yo mismo.
¿En dónde cabe el mundo? En mis dos manos.
¿Qué es lo inevitable? La felicidad.

La reacción de mi esposo al oír este título, probablemente será la de muchos otros: creer que este libro es un compendio de amarguras y deseos de resolver la vida eliminando a otros. Nada más lejos del propósito del mismo.

"DIOS MIO HAZME VIUDA POR FAVOR", es un llamado a la mujer, al hombre, al joven, al ser humano para asumir el reto y la aventura de vivir.

Tomar las riendas de nuestra vida, ejercer la libertad en lo cotidiano y lo trascendente, cobrar conciencia de que poseemos inteligencia y voluntad, parece ser hoy la tarea más difícil que enfrenta el hombre a fin de siglo y principio del tercer milenio.

La cultura e idiosincrasia en esperar que sea el entorno —gobierno, políticos, escuelas, empresas, sindicatos, nuestros padres, la Virgen de Guadalupe y Dios los que vengan a decidir y resolver por mí y "esperar" las respuestas para aquello que no queremos o sabemos enfrentar, es más cotidiano de lo que podemos siquiera sospechar.

A pocas horas del siglo XXI muchas mujeres se mantienen adormecidas al no cobrar conciencia de su valor y dignidad como personas. La creencia de que nacemos incompletas y debemos por tanto ganarnos el amor de los demás junto con su aprobación para poder ser felices, sigue siendo un obstáculo enorme para este despertar.

Para muchas mujeres el entorno resulta adverso al margen de su nivel socioeconómico, estado civil y edad. Es claro entonces que seguir esperando a que todo cambie, nos colocaría en un terreno de renuncia al ejercicio de la libertad, al reto de convertirme en alguien y a asumir la maravillosa y única oportunidad de vivir mi vida.

Las mujeres que piden permiso en lugar de dárselo, las que sumisamente aceptan la infidelidad, los maltratos físicos o psicológicos, las que enseñan a sus hijos que ellos están ahí para ser servidos y a sus hijas a que sirvan a sus hermanos por el solo hecho de haber nacido hombre o mujer, las que por miedo se aferran a quien no las ama, o aceptan violentar sus creencias y valores con tal de ser aceptadas y sentirse queridas porque nadie les ha dicho que merecen el amor y no lo tienen que ganar. Las ejecutivas, que en múltiples ocasiones juegan el papel de ejecutadas, olvidándose de sí mismas.

En "DIOS MIO HAZME VIUDA POR FAVOR", intento reflexionar sobre aquellos gritos de miedo que nos impiden crecer como seres humanos y convertirnos en personas.

Si a alguien le asustó el título de este libro, espero haber dejado suficientemente claro, la clase de viudez a la que me refiero.

Quiero ser viuda:

del miedo a ser yo misma
de todo aquello que me impida el ejercicio de mi libertad
del activismo sin razón.

Quiero ser viuda

de la soledad
de los rencores y resentimiento
y de la arrogancia de pensar que poseo la verdad

Viuda

de los prejuicios que me limitan
para aprender y disfrutar de mí y también de los demás,
del desamor, la indiferencia
y el hastío de vivir

Viuda del olvido de Dios

porque es reconfortante y prometedor saber
que gracias a tu infinito amor,
haga lo que haga y
esté donde esté
siempre puedo volver a Ti.

1
Aprendiendo a amarme

*Anulamos tres cuartas partes de nosotras mismas,
con el fin de complacer a los demás.*

TENER AUTOESTIMA es sentirnos capaces para vivir la vida. Capaces para elegir y en esa elección optar por aquello que nos hace crecer y ser mejores. Las mujeres, en nuestra gran mayoría, no hemos sido enseñadas a amarnos y a lo largo de nuestras vidas ejercemos el mandamiento de *amarás al prójimo*, pero olvidamos vivir el final de la sentencia: *como a ti mismo*.

Aprender a amarnos es la garantía de nuestra supervivencia en un entorno complejo en donde quererse a sí mismo es calificado de *egolatría*, mientras que el amor dirigido a otros es considerado *altruismo*. Por ello las mujeres seguimos buscando nuestra felicidad en la aprobación y aceptación por parte de los demás.

A la niña se le educa como un ser dependiente, incapaz de valerse por sí misma en muchos de los asuntos de la vida cotidiana relacionados con el trabajo productivo, y su sexualidad le es prohibida en muchas de sus manifestaciones. Se le estimula, en cambio, lo relacionado con el hogar: los juegos de cocina y de costura, así como el cuidado de los niños, representado por las muñecas. Es como si existiera un orden que le prohíbe traspasar esos límites, en tanto que a los varones se les insta a hacerlo. La niña es una especie de inválida —y esto tiene relación con determinadas regiones y con la clase social—, siempre hay alguien que se presta para suplir sus deficiencias. Alguien que la ayuda a vestirse, a peinarse, a lavarse. Aun cuando no existan estos apoyos, desde pequeñas recibimos un catálogo rígido e inflexible de lo que podemos y de lo que no podemos hacer, de lo que distingue a una niña *buena* y cómo evitar cumplir los requisitos de las *malas*. Las niñas decentes contestan: "favor que usted me hace", cuando reciben un halago, y así se inicia el camino en donde el "qué dirán" se convierte en el centro de nuestras vidas. A la invalidez y a los temores se les ofrece una salida: la dependencia.

Una de las consecuencias es que la autoestima de la mujer está en función de la opinión y aceptación de los demás. En decisiones cotidianas, como cortarse el cabello, hay quien hace una consulta de orden popular —amigas, suegra, pareja, compañeros de trabajo— para decidir lo que le va bien; una vez sentada frente al peluquero éste le hará cambiar de opinión, y lo primero que hará al salir de ahí, será preguntar a cualquiera que se cruce en su camino con un gesto de angustia: "...oye, ¿cómo me veo, cómo me quedó?", esperando de antemano una respuesta aprobatoria, que de no darse podría provocarle una severa e irreversible depresión. Así, nuestro valor personal y nuestra bondad los depositamos en la aprobación de los demás.

El poco valor que en muchos ámbitos se da a la mujer y que ella misma se otorga, tiene raíces históricas ancestrales. Algunas sentencias podrían ilustrar el porqué a pocas horas del tercer milenio todavía hay mitos y tabúes que afectan el desarrollo de las mujeres y su capacidad de amarse así mismas. El entorno presenta obstáculos, pero las barreras más importantes no están fuera sino dentro de la mente y el corazón de miles de nosotras cuando nos consideramos indignas de la felicidad y hacemos de nuestras vidas una cadena interminable de sufrimientos, amputando un sin fin de talentos y posibilidades.

Algunas de estas frases revelan el sentir respecto a las mujeres que se manifiesta en casi todas las religiones, países y momentos históricos del mundo:

Antiguo proverbio árabe: *Pégale a tu mujer, que si no sabes por qué, ella sí sabe.*

PROVERBIO CHINO: *El hombre tiene dos ojos para ver y la mujer para ser vista.*

LIBRO V. REGLA 148: *Durante su infancia, una mujer debe depender de su padre; durante su juventud, de su marido; si éste ha muerto, de sus hijos; si no tiene hijos y ha muerto su marido, entonces de los parientes próximos a su marido y, en su defecto, los de su padre; y si no tiene parientes paternos, del soberano. Una mujer nunca debe gobernarse a su antojo.*

LIBRO V. REGLA 154: *La mujer virtuosa debe reverenciar a su marido constantemente, como a un Dios.*

ECLESIÁSTICO, CAP. LXII: VERSÍCULO 14: *Es preferible un hombre malo que una mujer buena. La mujer es toda malicia, ella cubre al hombre de oprobio y vergüenza.*

ATRIBUIDO A RABINOS ORTODOXOS: *Loado sea el Señor, rey del universo, por no haberme hecho mujer.*

HIPONACTE, SIGLO V A. DE C. POETA SATÍRICO GRIEGO: *La mujer da al marido dos días de felicidad: el de la boda y el del entierro.*

CONFUCIO, SIGLO V A. DE C. *El marido tiene derecho a matar a su mujer.*

EURÍPIDES, SIGLO V A. DE C.: *Una mujer debe ser buena para todo dentro de la casa, e inútil para todo fuera de ella.*

ARISTÓTELES: *La mujer es, por naturaleza, inferior al hombre. Debe pues obedecer.*

ARISTÓTELES: *La naturaleza sólo hace mujeres cuando no puede hacer hombres.*

CORÁN, LIBRO SAGRADO DE LOS MUSULMANES, REDACTADO POR MAHOMA Y ATRIBUIDO POR ESTE PROFETA A DIOS MISMO, SIGLO VII. SURA IV, VERSÍCULO 11: *Dad a los varones el doble de lo que dais a las hembras.*

SANTO TOMÁS DE AQUINO, TEÓLOGO CATÓLICO ITALIANO DEL SI-
GLO XIII. *Las mujeres son imperfectas por naturaleza; son varones
mal concebidos.*

LADY MAY WORTLEY MONTAGU, SIGLO XVIII, HIJA DEL DUQUE DE
KINGTON, EMBAJADORA DE INGLATERRA EN CONSTANTINOPLA: *Estoy muy contenta de ser mujer porque así no corro el peligro de
casarme con una de ellas.*

NAPOLEÓN BONAPARTE, EMPERADOR FRANCÉS, SIGLO XVIII: *Las batallas contra las mujeres son las únicas que se ganan huyendo.*

ÉPOCA VICTORIANA, INGLATERRA, SIGLO XIX: *El desarrollo del cere-
bro atrofia la matriz.*

BISMARK, UNO DE LOS GRANDES FUNDADORES DE LA UNIDAD ALE-
MANA, HOMBRE DE ESTADO, MINISTRO DE GUILLERMO I, REY DE
PRUSIA, SIGLO XIX: *La mujer debe guiarse por las tres K: kuche (coci-
na) kirche (iglesia) y kinder (niños).*

SIR WILLIAM ACTON, EL GINECÓLOGO MÁS DESTACADO DE FINES DEL
SIGLO XIX, PLENA ÉPOCA VICTORIANA: *"La mujer que llegue a sentir
el placer sexual, tiene alma de prostituta."*

ISABEL ALLENDE, ESCRITORA CHILENA, SIGLO XX: *Es mejor ser hombre que mujer, porque hasta el hombre más miserable tiene una
mujer a la cual mandar.*

ESTHER VILAR, ESCRITORA ALEMANA, SIGLO XX (1971): *A diferencia
del varón, la mujer es un hombre que no trabaja.*

Es indudable que somos el sexo fuerte, pues no obstante
estos patrones culturales y religiosos, cientos de historias de
mujeres exitosas se han escrito en el mundo entero. No obstante, la educación tradicional incentiva a las mujeres a que
las cosas y la gente ajena a nosotras asuman la responsabilidad de nuestra felicidad. Cuando nos sentimos incompletas
y no cobramos conciencia de que somos adultas y completas,
de que somos únicas, irrepetibles e irreemplazables, busca-

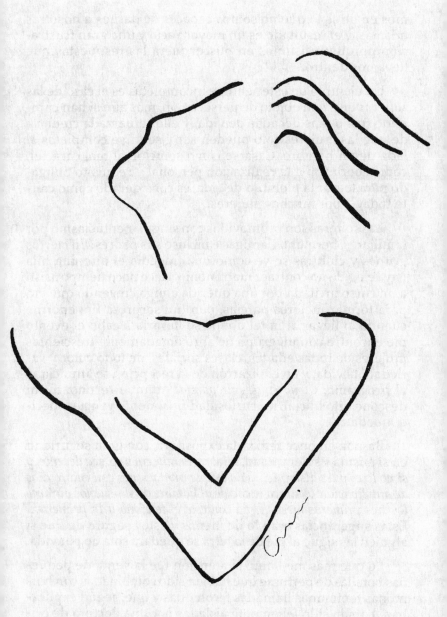

mos en otros lo que no somos capaces de darnos a nosotras mismas, y el resultado es un mayor vacío y una gran frustración porque insistimos en buscar fuera las respuestas que llevamos dentro.

Un ejemplo de este sentirse incompletas es el caso de las solteras que son objeto de persecución, más aún si han cumplido tres o más décadas de vida, y ello refuerza la creencia de que las mujeres sólo pueden ser y sentirse completas al lado de un hombre. Casarse como solución al mal carácter, como condición a la realización personal y requisito obligado para lograr la plenitud de vida, es considerado como cierto todavía por muchas mujeres.

Las solteras son promovidas con singular entusiasmo por familiares, hermanos, amigas e incluso sus padres. En ciertos grupos y culturas se ve como una tragedia el que una hija haya elegido no contraer matrimonio. Hace poco tiempo asistí a un curso invitada por una querida amiga creyendo que era para formar mejores parejas, pero mi sorpresa fue enorme cuando al llegar al hotel donde se llevaría a cabo el evento me encontré con un grupo de aproximadamente trescientas mujeres de todas edades, clases sociales, de todo color y variedad de vida, y en el pizarrón de la recepción se anunciaba el programa: *Cómo conseguir pareja*. Aunque reconozco mi desconcierto inicial, mi curiosidad finalmente venció y decidí quedarme.

Basada en once reglas, la expositora, con gran seguridad en sí misma y solemnidad, leía: *regla número uno: sea decente, y si no lo es pues disimule... sólo acepte invitaciones con cuatro días de anticipación... nunca le cocine al hombre de sus sueños durante los tres primeros meses... no conteste el teléfono a la primera...* Estas sugerencias eran lo de menos y estoy segura de que si alguien las sigue al pie de la letra se quedará sola de por vida.

Lo que más me llamó la atención fue la venta de pequeñas botellas de perfume que habían sido combinadas con hormonas femeninas llamadas feromonas y que, según explicaban, habían sido felizmente aisladas por una doctora de origen asiático. Al untarse el perfume las feromonas vuelan y eso provoca que las testosteronas (hormona masculina) se eleven y así la atracción se conseguirá en un dos por tres, lo cual aunado a lo que la expositora calificaba de *eye contac* apasionado y penetrante, volvería irresistible a la mujer portadora del perfume y la pareja caería rendida a sus pies. Debo apuntar que los pequeños frascos costaban alrededor de 40 dólares y la fila para adquirirlos no se hizo esperar. Me enteré también de que unos días antes este curso había reunido a poco más de mil mujeres en un conocido hotel de la Ciudad de México.

Llegada la sesión de preguntas y respuestas, una preocupada señora se levantó y con angustia señaló que a ella el tratamiento no le había funcionado y, por más perfumito que se untaba, su marido no reaccionaba y la testosterona no se le elevaba. Las mujeres ahí presentes volvieron a dar un voto de fe a las feromonas cuando esta participante aclaró que tenía 45 años de casada, entonces el resto del grupo expresó: ¡menos mal!

Que una mujer desee casarse es muy respetable, al igual que los cursos que para ello se impartan; lo que me cuestioné al final de ese día era la verdadera razón de que miles de mujeres estuvieran dispuestas a invertir tiempo, dinero y a seguir un manual riguroso para asegurar pareja. Por más que quise convencerme de que era natural, la verdad es que llegué a la conclusión de que muchas de esas mujeres querían una pareja para encontrar sentido a sus vidas, para cumplir los requisitos de la sociedad, para hacer realidad sus sueños de juventud y para sentirse completas. Se valía disimular, mentir, fingir, perder la espontaneidad, untarse fórmulas mágicas, vestirse de tal o cual forma, a cambio de no *estar sola* y llevar la etiqueta de soltera, quedada, amargada o fracasada.

Una expresión que refuerza lo anterior es cuando un grupo de 10 ó 12 amigas llegan a comer a un restaurante; la pregunta espontánea del capitán suele ser: "¿Vienen solas?", y lo más increíble es que van más de diez.

Fue una experiencia reveladora y tal vez muchas de esas asistentes hoy se encuentren más frustradas al no obtener en un dos por tres lo que aseguraba el curso. Reflexionando un poco más, es claro que desde esta perspectiva se considera a quien pertenece al sexo opuesto como un semental y se descalifica su inteligencia y sensibilidad. Desde esta óptica, atributos como la capacidad intelectual, la vida interna, las cualidades más allá del físico de la mujer, no cuentan en absoluto. También pensaba que las mujeres casadas deberían cuidar con más empeño su relación de pareja, pues hay un contingente de mujeres en busca de pareja con decálogo en mano.

Cuando aceptamos todo lo que se nos ha enseñado como un dogma y no lo cuestionamos, nos vamos convirtiendo en zombis, en robots, y las circunstancias dominan nuestras vidas. Así, la dependencia aumenta y se reproducen los miedos: miedo a ser nosotras mismas, miedo a perder el afecto de los otros, miedo a ser criticadas, miedo a ser diferentes, miedo a romper las reglas y tradiciones ancestrales de la familia —aunque muchas de ellas se enfoquen más en guardar las apariencias que en crecer como personas—, miedo a fracasar y también a triunfar, miedo a encontrarnos con nosotras mismas porque probablemente encontremos muy poco, miedo a perder la seguridad a que nos aferramos, miedo a elegir cuando por años nos han resuelto lo que debemos hacer, lo que es bueno y lo que es malo, aunque nada de esto tenga que ver con lo correcto, miedo a pensar y cuestionar, miedo a cambiar un neumático, un fusible, miedo a decir lo que pensamos, a vivir como sentimos, a expresar nuestros deseos, a decir sí y también no.

Dependencia y miedo se retroalimentan, y nos convierten en seres vulnerables, pequeños y víctimas del destino. Dependencia y riesgo son incompatibles.

Cuando ignoramos nuestro crecimiento interior, preferimos complacer a los demás, actuar como los demás y hacer lo que hacen los demás. Ser diferentes, aun en lo pequeño, nos genera conflicto y alienta los temores. No podemos seguir siendo una simple repetición de lo que nos dijeron, *so pena* de convertirnos en una veleta que se mueve conforme a los vientos del entorno.

Las acciones que nos enseñan desde pequeñas están basadas en suposiciones que suelen ser falsas. Se nos enseña a vivir a salvo, a evitar riesgos de hacernos daño, a conformarnos con lo que somos, a amoldarnos a las circunstancias, a ser una más entre la gente, a andar de puntillas por la vida, en vez de bailar y correr por ella. En consecuencia, no sabemos lo que hay disponible para nosotras.

Querernos exige decidir y tener el valor de actuar conforme a nuestros principios y valores. *Querernos* es lo contrario de lastimarnos, de hacernos daño, de convertirnos en enanas y enterrar nuestros talentos. *Querernos* es enfrentarnos a veces y también ceder en otras: puedo acercarme pero también alejarme según mi elección. El amor no es el camino de la menor resistencia ni de la comodidad; es, sin embargo, el de la felicidad. Si a una mujer al nacer se le otorgaron cinco puntos de inteligencia y creatividad, sería lamentable que terminara con tan sólo uno o dos, porque el desamor la sumió en la apatía y la conformidad

Lo contrario al amor es la indiferencia y la peor de todas ellas es cuando somos indiferentes hacia nosotras mismas y adoptamos una actitud de: "...ni modo...", "... aquí me tocó nacer...", "... matrimonio y mortaja del cielo bajan...". Nadie puede dar lo que no posee, y si terminamos siendo nadie, eso justamente devolveremos a la vida y la vida nos retribuirá de igual manera. Hace años vi una de las películas más hermosas y aleccionadoras, *Una historia sin fin*, en la cual la *nada* amenazaba con destruir el mundo y la vida. La *nada* era el desamor, la falta de capacidad y voluntad para soñar, para construir caminos distintos. La *nada* es la ausencia de esperanza y de posibilidades. Cuando dejamos que la *nada* nos invada, hemos decidido suicidarnos aunque nuestro corazón indique que el cuerpo aún tiene vida.

La *nada* es el hastío y el cansancio de quererme y, por tanto, de querer y aceptar a los demás tal como son. Cuando tenemos visitas en casa se saca la mejor vajilla, se limpia el baño y hasta papel se coloca en el sitio exacto y frecuentemente se dispone de una comida especial; ojalá nos diésemos este trato a nosotras mismas de vez en cuando. No como aquella pareja de casados a quienes los años ya habían hecho estragos en lo físico y también en lo espiritual. Un día, el señor, al estar viendo la televisión en la habitación, escuchó un extraño ruido en la parte de abajo y preguntó: "¿quién anda ahí?" Y su esposa, que había tirado un florero, le contestó: "¡nadie! ¡no te preocupes!" Lo que quiere decir que ella se consideraba NADIE, y así seguramente sería tratada. Cuando no nos amamos, somos vulnerables y eso significa *capaces de ser heridos.*

Mujeres aburridas cuando hay tanto por ser, por hacer, por querer, por compartir, por darnos más allá de un satisfactor material. Mujeres en cuyos años de más energía decidieron hacer de la cafetería cercana al colegio de sus hijos su segundo hogar, y mientras los mandaban a estudiar a unos, y a trabajar a otros para deshacerse de ellos, las horas parecían interminables comentando la vida de los demás. Elegir esta opción es respetable, pero los resultados suelen ser pobres porque vamos perdiendo la pasión y alegría por vivir. La vida se lleva al terreno vegetativo, sin desarrollar lo que tenemos dentro.

Escuché decir a una excelente mujer que un día, al preguntar a sus hijas qué querían desayunar, le contestaron "lo que sea", así que bajó a abrir tres huevos crudos, los vació en un plato y se los sirvió. Cuando sus hijas bajaron se sorprendieron: "¡Mamá!, ¿qué es esto?" Y ella tranquilamente les contestó: "es *lo que sea* "; porque en la vida, al que pide *lo que sea* no solamente se le da, también se lo merece. Cuando no sabemos ni queremos elegir, dejamos que otros lo hagan por nosotras y después nos andamos quejando de por vida porque nos casamos con *lo que sea*, trabajamos en *lo que sea*, comemos *lo que sea*, tenemos una familia como *lo que sea*.

Para muchas familias el domingo es el día de las indecisiones, y la siguiente escena se repite constantemente:

—¿A dónde quieres ir?
—Adonde tú quieras.

— ¿Qué quieres comer?
— Lo que tú decidas.

— ¿Cuál película te traigo?
— Pues la que tú elijas.

El desenlace suele ser desafortunado y hasta trágico, ya que me llevaron a comer donde no quería, tuve que chutarme Exterminador versión cincuenta y la comida era contraria a mi dieta. Lo que viene después es fácil adivinarlo, una cara larga y sombría, un silencio sepulcral ante el cual el interlocutor se inquieta e investiga: "¿pero qué te sucede, dime qué tienes?" "NADA" será la clara y tranquilizadora respuesta que demos, porque a muchas de nosotras, cuando tenemos todo encima y los instintos más rupestres nos invaden, es cuando contestamos que tenemos NADA, esperando de los demás actos de adivinación propios de la divinidad. ¡Y quién sabe si hasta Dios estaría dispuesto a eso!

Si basamos nuestra autoestima sólo en lo externo corremos el riesgo de vaciarnos por dentro. Cuando la mayor importancia se la damos a la envoltura que la naturaleza nos dio, nuestra mayor energía y voluntad se canalizará a tener un cuerpo perfecto, que por cierto hoy quiere decir anoréxico, con los increíbles costos que exige la llamada cultura del abdomen. Vestirnos como manda la moda, comportarnos como se supone que debemos hacerlo. Cuando lo mejor de nosotras lo tenemos fuera, resulta insuficiente para vivir y ser felices.

No quiero decir que cuidar nuestro físico sea equivocado, al contrario, pero pedir imposibles a la naturaleza y obsesionarse con los cuerpos de las modelos alemanas de 1.90 de estatura y rasgos anglosajones, cuando nacimos en Latinoamérica y probablemente nuestros rasgos y cuerpo correspondan más a la cultura chichimeca, inca o chibcha que a la de los teutones, nos hará sentir en desventaja y eso justamente transmitiremos a los demás.

Es increíble la habilidad de algunas personas para detectarse defectos: barritos, arrugas, gramos de más o cualquier problema similar. Si la autoafirmación personal gira alrededor de la belleza física, esto no sólo indica una pobre vida interior, sino una muerte prematura.

Lo importante entonces no es ser bellas —conforme a los cánones establecidos—, sino gustarnos a nosotras mismas, y para lograrlo no es conveniente utilizar criterios rígidos y estrictos.

Una persona mantenía la firme convicción de que no era atractiva, aunque en realidad era muy hermosa. Se diseñó un experimento típico de medición de actitudes para convencerla de que no era una mujer fea. El 95 por ciento de los estudiantes la evaluó como muy bella, sensual, atractiva y deseable. "Es increíble... No puedo creerlo... Estoy realmente sorprendida. ¡Jamás pensé que la gente tuviera tan mal gusto!", afirmó.

Gustarse es abrir los horizontes afectivos, es arriesgarse y aumentar nuestras probabilidades de conocer a otros. La verdad es que nadie puede dejar de gustarse si se observa con cuidado y con afecto.

"Tal vez suceda que una vez cada siglo, la alabanza eche a perder a un hombre o lo haga insufrible, pero es seguro que una vez cada minuto algo digno y generoso muere por falta de elogio".[1]

La verdadera seguridad es fugaz, pero puede ser destruida más fácilmente por fuentes internas y personales que por el agresivo y complejo mundo exterior.

Si te tratas mal y eres irrespetuosa con tu persona, tu diálogo obrará como un freno. Elimina de tus respuestas y juicios el *no soy capaz*, porque cada vez que te lo repites confirmas tu inseguridad y afianzas tus temores.

Queremos que nos amen, pero damos pistas falsas y no somos capaces de expresar y comunicar sentimientos y de-

---

[1] POWEL, John, 1997. *La felicidad es una tarea interior* (edit. Diana, 5a. ed., p. 37, México).

seos porque las niñas *buenas* sólo escuchan y no hablan, porque los resentimientos guían nuestra vida, porque en nuestro libro de contabilidad faltan sufrimientos todavía y porque, al no saber amarnos, no podemos ayudar a otros a que nos amen y mucho menos a que nos comprendan. Cuando aprendemos a querernos, aprendemos también que nos merecemos algo mejor que *lo que sea*. Algo mejor que desperdiciar mi tiempo, algo mejor que ir sobreviviendo, algo mejor en materia de amistades, algo mejor en qué invertir mi tiempo.

No obstante las ventajas del método, los humanos nos resistimos a pagar el costo de la superación. Optamos por el camino más fácil: el alivio que nos produce el compromiso, y la postergación nos paraliza. Otra forma de comportamiento de las personas poco autoeficaces es imponerse metas pobres y resignarse a su suerte de mediocres. La autocompasión es un veneno que mata lentamente. Cuando entro al terreno de ¡pobrecita de mí! y me lo creo, quedo atrapada en un laberinto, con grandes dificultades para encontrar la salida.

Si algo de mí no me gusta y está en mí modificarlo, manos a la obra, sabiendo que todo tiene un costo y debo pagarlo; pero si me rebasa, lo mejor es aceptarme y quererme tal cual soy ahora, el día de hoy. Ni puedo enojarme por estar pasada de peso cuando mi dieta es basada en pasteles y galletas todo el día, o por tener una pésima condición física cuando los aeróbicos los hago acostada en mi cama; ni tampoco se vale que quiera ser blanca como la leche cuando mi tez es de color serio, algo así como moreno tirándole a charol. Desafortunadamente es común que observemos con más cuidado y dureza nuestros defectos que nuestras cualidades.

Cada vez que veo una foto de lo que algún día fue Michael Jackson, lo único que puedo ver es a un ser humano que nunca se quiso, que nunca se aceptó.

Lo mismo sucede cuando observo a una mujer que se empeña en ocultar su edad haciéndola sólo más evidente, algo así como una abuelita asaltando el clóset de su nieta, para disfrazarse de adolescente y lograr la admiración de los demás.

Sería bueno que así como nos empeñamos en cuidar la figura, lo hiciéramos con nuestra inteligencia y nuestro espíritu. La falta de educación sigue colocando a la mujer en seria desventaja, y los encantos tradicionales no servirán de nada en un mundo donde el conocimiento y el desarrollo de la inteligencia son ya determinantes. Ir a la universidad a cursar la carrera de MMC (mientras me caso) no nos ayudará en absoluto.

El verdadero despertar se dará cuando sepamos *querer*, es decir, qué queremos y para qué lo queremos, y conseguir este propósito sin educación es una tarea imposible de lograr. En el cuento de *Alicia en el País de las Maravillas* hay una escena en donde Alicia se extravía y al encontrarse frente a diversos caminos pregunta a un gato sabio:

—¿Qué camino debo seguir?
—¿A dónde quieres ir, Alicia?
—La verdad, no lo sé, responde ella.
—Entonces, Alicia, no importa qué camino tomes, de todas formas te llevará a ninguna parte.

Probablemente el viaje más importante que podamos emprender es el viaje hacia nuestro interior. Hasta que no sepamos quiénes somos, ¿cómo será posible ofrecer lo que tenemos?

Cuentan que Dios no quería que la verdad fuera fútil y banal; entonces, conversando con los ángeles, pidió sugerencias sobre dónde debía colocar la verdad para estimular a los hombres en esa búsqueda. Uno de ellos dijo: "Coloque la verdad en el fondo del océano; así los hombres tendrán que sumergirse en lo más profundo para alcanzarla". Otro le dijo: "Colóquela en las estrellas; así ellos tendrán que subir para alcanzarla". Finalmente, le dijo otro: "Colóquela dentro de ellos, así cada uno estará siempre en contacto consigo mismo al buscarla".

Pero parece que casi todos seguimos buscando la verdad en los títulos, en las posesiones, en las propiedades, en el control de los demás y fuera de nosotros mismos. Nuestra cultura subraya más la consecuencia externa y esto es una política de mala inversión porque hacemos a un lado nuestra propia persona.

Vivir de dentro hacia fuera demanda un trabajo constante, que no tendrá resultados inmediatos, pues realizaremos nuestras tareas en un proceso a lo largo de nuestras vidas. Es por eso que junto con la voluntad e inteligencia requerimos de paciencia y tenacidad. El camino a la felicidad es un punto a cruzar, no una esquina a doblar, no es algo que se obtenga *expreso* o por servicio a domicilio.

La única alternativa para conocerte a ti misma es arriesgarte y ponerte a prueba. El balance costo-beneficio es justificable desde todo punto de vista.

No se puede vivir la vida por encargo, ni a dictado de nadie, *so pena* de renunciar a nuestra condición humana. Tenemos el deber moral de autorrealizarnos, de crecer a la máxima estatura posible, de tratar de desarrollar plenamente nuestras virtudes. Hemos sido hechas para lo magnífico y no debiésemos conformarnos con menos de eso.

más libres

SER   más creativas

más trascendentes

SER YO MISMA

2
Por mi culpa, por mi culpa, por mi grande culpa

El dolor absorbe todas nuestras energías y, hasta que lo manejamos con éxito o ya no podemos soportarlo, somos capaces de andar por nuevos caminos, de volver a amarnos a nosotras mismas y a los demás.

DESDE FRASES tan trilladas y reveladoras como: *es que mi marido no me saca los domingos,* como si fuéramos mascotas y no personas, hasta toda una serie de expresiones que utilizamos para justificar los múltiples "porqués" de nuestros fracasos y debilidades, son características de la mujer víctima de las circunstancias.

Detrás de una víctima solemos encontrar un ser humano con miedo de enfrentar su realidad. Las víctimas, para existir, deben tener un victimario, un chivo expiatorio, y cuantos más sean pues mejor, porque así tendrán más recursos para esconder temores y fracasos. Los victimarios más comunes se encuentran entre aquéllos más cercanos a nosotras, son aquéllos a quienes decimos amar y hacer la razón de nuestra existencia, y al mismo tiempo los convertimos en causantes de nuestras pesadas cargas. Sin nuestros victimarios la vida perdería sentido porque los actos frecuentemente "heroicos" de una víctima no encontrarían sustento ni justificación alguna.

Las víctimas viven muchas facetas y su vida es una permanente actuación, un actuar en contra de sí mismas y también de los demás. Una actuación que termina por confundirlas, pues a la larga será muy difícil distinguir a la verdadera persona de entre tantas máscaras que ha fabricado.

Las víctimas desarrollan consciente o inconscientemente armas poderosas y altamente dañinas que esgrimen contra aquéllos a los que han tenido que dedicar toda su vida. La manipulación, el chantaje, los llantos incontenibles, los reclamos por más atención y tiempo, que pueden ser verbales y directos, o manifestarse por múltiples enfermedades o mensajes manipuladores cuya intensidad y gravedad dependerán del propósito que la víctima se proponga conseguir. Si una alteración en la presión arterial es suficiente para provocar que un hijo no se vaya de casa, la víctima llegará hasta ahí, pero si debe recurrir a un cáncer muy probablemente también lo hará. Sin tener conocimientos de medicina he podido observar una estrecha relación entre desamor y enfermedades múltiples. Todavía recuerdo hoy a una tía Alicia que tuve en mi niñez, cuyo estado permanente era la queja, el dolor, el resentimiento, la insatisfacción, y en cada visita siempre había una nueva y peor enfermedad que la anterior, todo ello sin olvidar los consabidos reclamos y quejas que demandaban una mayor atención y transmitían una gran amargura. Al final, cuando el cuerpo ya cansado de la tía Alicia decidió armonizarse con su espíritu, que mucho tiempo atrás había muerto, fue un gran alivio para toda la familia, pero las herencias que dejó resultaron nefastas.

Hay un juego psicológico, el del triángulo, que suele llamarse el juego del "sí... pero..." Es como una transacción entre dos o más personas y en ese juego irremediablemente haces uno de esos tres papeles del triángulo: rescatadora, perseguidora o víctima.

La rescatadora actúa bajo el influjo de la culpabilidad.

La perseguidora actúa bajo el influjo de la agresividad.

Finalmente, la víctima actúa bajo el influjo del resentimiento.

Si tú entras en el triángulo, irremediablemente cargarás con las consecuencias: te quemarás.

En este triángulo, el perseguidor necesita de la víctima para existir, pues es en ella en quien deposita su poder. El rescatador siente satisfacción al hallarse cerca de un perseguidor, ya que sólo así podrá rescatar a la víctima y jugar el rol de ser *el bueno del cuento*.

Los seres humanos desempeñamos constantemente estos tres papeles, pero suele predominar uno de ellos, y hay que cobrar conciencia de ello para no quedar atrapados en el juego.

Las perseguidoras son aquellas personas que quieren corregir el mundo. ¡Son las que dictan lo que es correcto y lo que es erróneo!, los jueces implacables que desnudan con su mirada y descuartizan con sus palabras. Las perseguidoras, como su nombre lo indica, *persiguen* el poder y el control de situaciones y personas. Deciden, desde su muy particular punto de vista, el bien y el mal, la verdad y la mentira. Su deseo principal es que tú pienses, sientas y actúes como ellas creen que es bueno, y quien no lo haga será automáticamente descalificado o castigado.

Las rescatadoras son las personas que quieren cuidar a todo el mundo. ¡Las que siempre quieren ayudar a los demás en algo, de alguna manera, y terminan desvalorizando la capacidad de los otros! Algo así como cuando una persona decide casarse con un alcohólico y ante las múltiples advertencias afirma: "yo sí lo voy a cambiar", y por lo general lo consigue, pues al año el prospecto de cambio estará bebiendo más. Terminan generalmente por no darles a las víctimas oportunidad de progresar, pues si eso ocurriera no sabrían qué hacer. Son personas que se preguntan SIN CESAR: *¿Cómo puedo ser útil en esta situación?*, o *¿Qué podré hacer por esta persona?*

La rescatadora es una catedrática en la adjudicación de problemas ajenos, aunque generalmente no ve los propios o los abandona para resolver los de otros, ya que esto le resulta menos doloroso y comprometedor. Por eso, cuando alguien se siente recargado de conflictos, buscará una mujer rescatadora para aligerar su carga.

Las víctimas son las personas que hacen de su vida una serie de incapacidades. Su vida es el resultado de las acciones de los demás y no logran asumir la responsabilidad de sus propios actos. Su vida la acompaña una enorme sábana para llorar y llorar, pues sin su dolor no vale la pena vivir. Generalmente se sienten impotentes. "Una gorda como yo, ¿cómo puede lograr que alguien la ame?" ... "con los padres que tengo, ¿cómo puedo triunfar?"

Por cierto que, cuando los abogados cometen errores, encierran a sus clientes, pero cuando un médico se equivoca, entiera a sus pacientes. Algo así sucede cuando nos equivocamos en nuestro proceso de vida: *nos enterramos*.

Las víctimas suelen ser chantajistas y cargan consigo un libro en donde contabilizan las deudas que los demás tienen para con ellas. Un signo característico de las víctimas es que suelen decir a casi todo que sí, aunque de inmediato canalizan su pesar en alguien más por el compromiso que voluntariamente adquirieron, por todos esos favores que van a realizar y cuyo resultado será un mayor cansancio, una pérdida de tiempo e incluso de dinero.

Es común que su interlocutor le cuestione a una víctima en torno a las razones que la hicieron aceptar algo aun en contra de su voluntad, y ésta sin pensarlo siquiera contestará: "es que no podía negarme, imagínate lo que pensaría de mí si no le hago este favor; al fin de cuentas mi vida está consagrada a los demás y yo siempre estaré en el último lugar". O bien aquellas frases con olor a una equivocada santidad: "con tal de que mis hijos y mi marido estén contentos, yo no importo nada, conque ellos sean felices, basta". Bajo este contexto cuesta trabajo pensar en una víctima que no acuda a una o más personas para hacer notar sus profundos sacrificios y costos a favor de los demás.

Quienes padecen el martirio de convivir con una víctima terminan, si son débiles de carácter, por vivir con eternos sentimientos de culpa por los males que le causaron, o bien la abandonan para siempre y regresan hasta el día de su muerte, no para acompañarla sino para comprobar que ya se ha ido. Es frecuente también que los hijos de estas víctimas terminen llenos de miedos, jugando el papel que tanto odiaron y graduándose como expertos manipuladores y resentidos con la vida.

Pero también hay quienes conscientemente representan este papel para situarse en una posición de comodidad temporal y conseguir prebendas a través del chantaje y la manipulación a quienes se lo permitan. No son desdeñables los casos de mujeres que tienen conciencia de la infidelidad de su pareja y deciden soportarlo estoicamente a cambio de cobrárselo con regalos, viajes o caprichos. "Total —señalan—, la vida es así y me conviene hacerme de la vista gorda; pero eso sí, se lo voy a cobrar bien caro". Los casos de las madres que no permiten a sus hijos cortarse el cordón umbilical y que a la menor señal de su independencia y crecimiento se enferman gravemente o sacan a relucir el libro de contabilidad, son todavía más numerosos. Lo mismo sucede en las relaciones de pareja o amistad, porque ser víctimas ha sido un patrón cultural que desafortunadamente se ha enraizado en nuestros procesos educativos.

Hay otros casos en donde se pone *precio* al sufrimiento y entonces (para quienes es posible hacerlo) se cobran gastando a diestra y siniestra para así *llenar* el vacío y apaciguar el dolor. Cada tarjetazo puede convertirse en un desquite, por cierto bastante cómodo si es que tienen suficiente capacidad económica, o lo que es peor, en un problema adicional para la víctima, que ahora deberá enfrentar deudas adicionales o reclamos por parte de los otros por haber gastado excesivamente, lo que sin duda fortalecerá el círculo perverso en que ya se encuentra atrapada.

A la luz de la historia y las realidades actuales, muchos de los argumentos que se siguen multiplicando con un éxito inaudito son aquéllos que culpan irremediablemente a otros de todas nuestras tragedias. Hay latinoamericanos que sin reconciliarse con su pasado siguen acusando a la colonia española y la religión católica de los retrasos que 500 años más tarde siguen enfrentando. Otros más los atribuyen al imperio yanqui, y también abundan aquéllos que acusan y se avergüenzan de los indígenas que, según ellos, marcaron para siempre la desgracia de nuestros pueblos.

En los tiempos actuales, los culpables suelen ser los gobernantes, los medios de comunicación y las presiones de carácter social. Al final, para la víctima no existe la posibilidad de mirar hacia dentro ni de influenciar su entorno, porque su único horizonte y débil punto de apoyo radica en los otros, en los demás, mas no en sí misma.

Muy probablemente, detrás de cada víctima exista un profundo miedo al desamor, al rechazo, a la crítica y al crecimiento personal. Un miedo a la construcción de la felicidad, al ejercicio de la libertad y, evidentemente, a la responsabilidad. Un miedo a vivir con plenitud e intensidad.

Muchas mujeres, más de las imaginadas, han hecho de su vida un constante ejercicio para culparse de todo lo que acontece a su alrededor.

Hay personas dedicadas exclusivamente a preocuparse. Cada ángulo de cualquier asunto las provee de mil posibilidades de preocupación. Se preocupan cuando se sienten mal y se preocupan cuando se sienten bien, no vaya a ser que el bienestar dure muy poco. Sin eso no pueden vivir. El contenido de la preocupación es menos importante que el hecho de preocuparse.

Las personas adictas a la tristeza y al sufrimiento rechazan todo aquello que les pueda traer alegría; tal parece que rehuyen la felicidad. Cuando no hallan ningún pretexto que las entristezca, lo inventan, pero jamás darán el aspecto de que les va bien o de que tienen por qué alegrarse.

Casos extremos, que ya conciernen a especialistas, nos describen a mujeres que incluso son maltratadas física o psicológicamente, víctimas de la brutalidad, la violencia física y verbal, las descalificaciones permanentes, y al final de todo ello concluyen una y otra vez que todas esas desgracias no hubiesen sucedido si ellas fueran más bonitas, o preparadas, o hubieran tenido la casa lista y la comida a tiempo, o hubiesen estado más tiempo con sus hijos, o no fueran gordas o flacas, o si hubieran sabido inglés o hablar con propiedad. Ellas creen que se merecían todo aquello porque son malas y no merecen el amor.

Si el marido las engaña adoptan el papel de *hacer de cuenta que no sucede nada*, para no enojarlo y así poder conservar sus miserias de afecto, si es que aún las hay, con tal de no perder aquello que en realidad nunca tuvieron. Estas mujeres encontrarán mil razones para sentirse culpables: la edad, el físico, las arrugas, su baja preparación académica, que nunca cocinaron como su suegra o su mamá, que probablemente no eran tan buenas en la cama, etcétera. El pobre hombre y las personas que las rodean son, desde esta perspectiva, un club de santos irredentos y ellas lo menos que se merecían era el engaño. Y por tanto su castigo es aguantarlo y callarlo silenciosamente.

En una relación de pareja, consejos ancestrales reafirman este afán de culpabilidad: "tenle paciencia, al final siempre regresan", "no le des a la otra el gusto", "si le dices algo, peor porque entonces se lo vas a reafirmar", "aguántate", "todo sea por tus hijos y, eso sí, que ni te vean llorar porque van a sufrir mucho los pobrecitos", "cuando tu marido llegue, nada de quejas"; "algo hiciste para ganarte ese golpe".

Si los hijos fallaron en la escuela, cayeron en algún problema de dependencia o simplemente no han llegado a la hora de siempre a casa, en lugar de pensar realistamente y con asertividad, los flagelos empiezan a cobrar vida: "...es que era el más chiquito y le presté poca atención, se traumó porque no me acordé de hacerle fiesta el día de su santo hace 48 años; cuando me dijo que iba a estudiar para cirquero yo no se lo permití y le pedí que primero acabara la primaria. Si hubiera hecho esto o aquello, todo sería mejor...". El verbo *hubiera*, ya lo decía uno de mis maestros, es el tiempo verbal de los tontos y los mediocres.

La afición por sentirse culpable es tal que hay mujeres que para conciliar el sueño deben estar suficientemente preocupadas, y si no lo consiguen, acuden al televisor para aterrarse con los noticieros o le piden a quien las acompaña que les cuente algo terrible para dormir *tranquilas*. O aquellas otras que le dicen a otras mujeres o a quien se cruce en su camino: "¿tienes algún problema?, pues libérate de él, porque yo me lo llevo, yo lo cargo". Y ahí va la sufrida mujer con un costal de piedras cargado en la espalda y cumpliendo con su misión de arrastrar la vida en lugar de vivirla.

En algunas reuniones de mujeres se concursa por la mayor aflicción. Si a una le duele la cabeza, otra le supera con una molestia inaguantable de cadera, pero la tercera ganará la delantera cuando haga públicos sus tremendos malestares artríticos, y la cuarta, que de ninguna manera está dispuesta a perder su trofeo del dolor, les manifestará sus sospechas de que tiene cáncer, porque cada vez que oye hablar de una enfermedad, instantáneamente los síntomas se le manifiestan. Los concursos suelen ser variados, desde la peor muchacha de servicio hasta el más desgraciado y malévolo de los maridos, pues sin ese padecer tan profundo la vida no tendría sentido. Estas mujeres ven como sospechosas e incluso acusan de insensibles y frívolas a aquéllas otras que son optimistas y que viven la vida con un espíritu de alegría. Se convierten en descalificadoras profesionales y son severas con aquellas mujeres que responden por su vida. A sus pesadas cargas suman más resentimientos. Aguantan largas jornadas tomando café con su grupo de *pobrecitas amigas* empeñadas en destrozar a los demás, por eso cuando una de estas mujeres debe retirarse, propondrá a las demás: "¿Y por qué mejor no nos vamos todas juntas?", pues de antemano sabe que al instante de retirarse se convertirá en el tema de destrucción, no de conversación. Lo suyo no es sobrevivencia sino pobrevivencia.

Las víctimas suelen ser trágicas en sus juicios y apreciaciones, y un resfrío de un hijo o conocido las lleva a suponer que se trata de una tuberculosis fulminante. Se vuelven expertas en el llanto y sus caras de dolor ganarían un concurso de actuación. Las sonrisas terminan por borrarse en sus rostros porque han elegido la tristeza. Viajar ligeras de equipaje no está en su perspectiva de vida, porque el manual de ins-

trucciones que recibieron para vivir fue el equivocado y no están dispuestas a cambiarlo. Adormecidas, siguen repitiéndose y enseñando las mismas reglas. Ya habrá tiempo para vivir. Resulta increíble cómo hay mujeres dispuestas a asumir la culpabilidad del mundo.

Como lo expresa Nadine Stair o Jorge Luis Borges, en un poema maravilloso y profundo.

INSTANTES

Si pudiera vivir nuevamente mi vida.
En la próxima, trataría de cometer más errores.
No intentaría ser tan perfecto, me relajaría más.
Sería más tonto de lo que he sido, de hecho,
tomaría muy pocas cosas con seriedad.

Sería menos higiénico.
Correría más riesgos, haría más viajes,
contemplaría más atardeceres,
Subiría más montañas y nadaría más ríos.
Iría a más lugares adonde nunca he ido.

Comería más helados y menos habas.
Tendría más problemas reales y menos imaginarios.
Yo era una de las personas más sensatas y
Prolijas cada minuto de su vida.
Claro que tuve momentos de alegría.

Pero si pudiera volver atrás,
trataría de tener solamente buenos momentos.
Por si no lo saben, de eso está hecha la vida,
sólo de momentos; no te pierdas el ahora.

Yo era uno de esos que nunca iba a
ninguna parte sin un termómetro, una bolsa
de agua caliente, y un paraguas y un paracaídas.
Si pudiera volver a vivir, viajaría más liviano.

Si pudiera volver a vivir,
comenzaría a andar descalzo a principios
de la primavera y seguiría así
hasta concluir el otoño.

Daría más vueltas en calesita,
contemplaría más amaneceres
y jugaría más con los niños
si tuviera otra vez la vida por delante.

Pero ya ven, tengo 85 años y
sé que me estoy muriendo.

Es común también que cuando los hijos fallan, las recriminaciones sean mayores para la mujer ya que lo que se plantea como su tarea más importante ha fracasado: "tus hijos son así porque los consentías, o porque nunca los corregiste". En contraste, cuando los resultados son positivos, escuchamos sentencias tales como: "ese es mi hijo", "igualito a su padre"; "de tal palo tal astilla"; "hijo de tigre, pintito", entre otras muchas.

No quiero decir con todo esto que no exista responsabilidad de nosotras hacia quienes amamos y nos rodean. Dice Paty Vidal en su ponencia *Alas y Raíces* que: "... hemos sido seres extraños que no hacemos historia, hacemos hijos, los criamos, los educamos, les procuramos valores, les enseñamos un código ético y valores estéticos. Nuestro modo de ver y entender el mundo a través de tradiciones y raíces propias, les decimos quiénes son y les damos amor, mucho amor, para que salgan al mundo a poner en práctica lo que les enseñamos. Doble esfuerzo el nuestro: el de luchar por ser y el de enseñar a ser a otro".

Pero al final de cuentas cada uno es responsable de la actitud que asume ante la vida, porque nadie puede vivir la vida por otro. Con estos ejemplos sólo trato de traer a esta reflexión comportamientos harto comunes que demuestran lo poco que nos conocemos y el poco aprecio que tenemos por la vida. Elegimos el sufrimiento, la desesperación y la infelicidad. Comportarnos así sólo garantizará que todos nos rechacen y nadie nos respete, justo lo contrario de lo que muchas veces se pretende lograr mediante la minimización y el desprecio a uno mismo.

Las secretarias no son culpables de las malas caras y los pésimos modos de un jefe que no saluda, porque jamás conoció, ni en el diccionario, la palabra educación. Tampoco lo son de la enfermedad de sus allegados, ni de la infelicidad de alguno de sus hermanos o amigos. Claro que siempre existe la posibilidad de ayudar y hasta el deber de hacerlo, pero una mujer culpable de todo pierde su capacidad de ser solidaria y subsidiaria; su recreación más importante es el sufrimiento y la autocompasión la hará terriblemente egoísta.

Por eso en México, cuando en algunas regiones las mujeres afirman que *cuando ya no les pegan es que ya no las quieren*, están en lo cierto, porque quien habla así es una víctima, una mujer que no tiene conciencia de su valor y dignidad.

Hay mujeres que viven permanentemente en una sala de espera, y así esperan a crecer para hacer su primera comunión; después esperan a tener sus quince años y, en algunas culturas y religiones, a que inicie su periodo menstrual para poder casarse. Otras esperan a casarse, a tener hijos, a ser abuelitas y finalmente se sientan a esperar la muerte, con la que siempre convivieron muy de cerca. Estas mujeres habrán de esperar otra vida para empezarla a vivir.

Moría por terminar el bachillerato y empezar la universidad. Y luego moría por terminar la universidad y empezar a trabajar. Y después, me moría por casarme y tener hijos. Y más adelante me moría por que mis hijos crecieran lo bastante como para ir a la escuela, a fin de que yo pudiese volver a mi trabajo. Y entonces me moría por retirarme. Y ahora, que me estoy muriendo... Me doy cuenta de pronto que me olvidé de vivir.

No es de extrañar que a veces nos sintamos llenas de angustia, pues hay demasiado por hacer. Se nos piden demasiadas cosas, se nos exige ser muchas personas, algunas de las cuales somos y otras no. Tenemos que detenernos ante la angustia: hay que sentirla, atravesarla y seguir adelante.

Lo anterior no debe confundirse con evadir la realidad, al contrario, pues el conflicto es inevitable en nuestras vidas, más aun cuando tenemos que tomar una opción, pero por lo general tenemos muchos caminos y no sólo la alternativa en que nos empeñamos a veces, cueste lo que cueste.

Desafortunadamente, hay mucha gente a nuestro alrededor que se siente feliz apoyando nuestras ilusiones de culpabilidad. Nunca hemos dejado de ver qué egocéntrico es asumir la responsabilidad de cada cosa que sucede.

Aprender a liberarse de la culpa mejora la calidad de nuestra vida. Sin el persistente remordimiento golpeando como un martillo dentro de nuestra cabeza y devorándonos, podemos pensar con más claridad y concentrarnos mejor. Nuestro juicio mejora, somos más capaces de sentirnos orgullosas de nuestros logros, celebrar nuestros éxitos y sentirnos agradecidas por lo que es bueno y correcto en el mundo.

Hasta que vivamos plenamente, nos permitiremos saborear toda la gama de nuestras experiencias. Aceptaremos cualquier oportunidad de vivir conforme a nuestras propias almas.

Para apreciar la apertura tenemos que haber experimentado el valor de vivir lo nuevo, de buscar otros caminos, de plantearnos posibilidades frescas.

Así como dependencia y miedo se hermanan, el valor y la apertura van de la mano. Es inevitable que se requiera valor para vivir la vida. Esta es una tarea no apta para los timoratos y conformistas.

La tolerancia para con nosotras mismas y para con los demás es una condición para la paz, el aprendizaje, la apertura y la felicidad. Solemos ser intolerantes porque así hemos sido educadas y construimos muros insalvables que nos limitan de la riqueza humana y de la capacidad para disfrutar la vida. Si alguien piensa distinto a nosotras lo cataloga-

mos como un ser humano que vive en el error, que no es digno de ser escuchado y menos aún de merecer nuestra amistad. Somos expertas en etiquetar a los demás y, si se trata de
otras mujeres, mejor todavía. A la que logra éxitos en lo laboral se le ve como sospechosa, a la que viste distinto se le criti-
ca por inmadura, si profesa otra religión la descartamos de
nuestra lista y lo que es peor, enseñamos a nuestros hijos que
si alguien no es de nuestra clase —aunque nunca aclaramos
lo que eso significa— está prohibido relacionarse con él. Fac-
tores que se creen superados, en la vida cotidiana siguen siendo determinantes para muchos seres humanos: el color de la
piel, el *status*, la capacidad económica, la profesión, la edad y
la religión, entre otros.

Debemos aceptar y celebrar nuestras diferencias; el mundo atesora originales, y cada uno de nosotros es un original
de Dios.

Me acuerdo de un brillante joven rabino, que sucedió a su brillante
padre, también rabino. Las personas le dijeron entonces: "Rabino,
usted es totalmente distinto de su padre".

El joven rio: "¡Soy exactamente igual a mi padre! Mi padre no imi-
taba a nadie y yo no imito a nadie. Él no era una copia de papel
carbón, tampoco yo":

Esto es lo que significa estar vivo, ser único.[2]

Aceptar toda la responsabilidad de nuestros actos, incluyendo nuestras respuestas emocionales y de comportamiento ante todas las situaciones de nuestra vida, es el paso definitivo a la madurez humana.

Aprendimos a explicar nuestros fracasos sobre la base de
que no teníamos los recursos para funcionar, e incluso alegamos que nuestras estrellas no estaban alineadas. Lo contra-

---

[2] DE MELLO, Anthony, *Reflexiones de Anthony de Mello* (Lumen, 2a. ed.,
Argentina 1994).

rio a inculpar o a culparnos es aceptar la responsabilidad total de nuestra vida, de nuestras elecciones y de que sus consecuencias sean inmediatas o de largo plazo. La afición por las lecturas de café, del tarot y los horóscopos deja de ser divertida cuando rige el comportamiento de las personas.

Lo anterior explica las jugosas ganancias de adivinas, pitonisas, astrólogos y sectas que ofrecen adivinar el futuro, y hacen rentable la incapacidad de sus clientes para elegirlo y hacer que suceda, porque tal vez nadie les dijo que entre más intervengan en su vida, serán menos dependientes de las circunstancias.

Ser perdedoras para ganar el amor suena contradictorio, pero son múltiples los ejemplos en donde la mujer acepta jugar el papel de tonta e incapaz para tener contenta a su pareja o a sus allegados, con tal de lograr su aprobación. Hace tiempo escuchaba decir a una amiga de mis papás que cada vez que jugaba golf con su marido perdía a propósito, pues él no soportaba que ella le ganara. Si la aceptación de los demás se finca en lastimar nuestra persona y hacer de lado los talentos que Dios nos ha regalado para hacerlos florecer, habría que cuestionarse el costo de estas acciones y el alto precio que estamos pagando por evitar el rechazo.

Actuar permanentemente en contra de mí misma hará que termine por odiarme, o por no saber al final del camino quién soy yo de entre todo eso que represento. Así como se adquiere el hábito de ganar, también se aprende a vivir con el hábito de perder. Por contradictorio que parezca, nos entrenamos para el éxito casi con la misma energía que para lograr vivir en el fracaso.

Las culpas y los resentimientos estorban y terminan por matar lo mejor de nosotras mismas. Terminaremos solas porque a nadie le gusta compartir su vida con mártires incorregibles. El liberarse de la culpa no significa renunciar a las responsabilidades. Significa no asumir la responsabilidad de aquello que se encuentra más allá de nuestro control.

Con mucha razón rezaba un niño antes de dormir: "Dios mío, haz a los malos buenos, y a los buenos, divertidos".

3
El listón rojo

A la mujer le dijo: multiplicaré tus trabajos y miserias en tus preñeces; con dolor parirás los hijos y estarás bajo potestad de tu marido y él te dominará.

Gen 3,16

Desde el Génesis también se resalta en forma clara la inferioridad de la mujer: un simple apéndice masculino, nacido de una parte innecesaria del cuerpo del hombre —una costilla— y por innecesaria, inferior. Además se debió de emplear la más innecesaria de las costillas, la duodécima, precisamente denominada *falsa costilla.*

Débil en lo físico, también en lo intelectual, tendrá la culpa de todas las desgracias, de la infertilidad, la seducción y los misterios; estará condenada a parir con dolor, ser sumisa, guardar silencio, sufrir en este valle de lágrimas y ver al hombre como su amo y señor.

La sexualidad de la mujer se ha reprimido mientras que la del hombre se ha alentado y exaltado. Para un hombre hablar de sus conquistas es como exhibir una colección de trofeos, no así en el caso de la mujer.

A la mujer se le enseña a no manifestar su sexualidad y a los hombres se les prohíbe manifestar su sensibilidad.

En el primero de los casos el sexo sigue siendo para grandes sectores de la población un tema tabú y prohibido, aunque por otro lado, se permite a los niños asistir casi a cualquier clase de película o ver programas televisivos en donde el tema de la sexualidad es central y se aborda de manera burda y también equivocada. La mujer reprime así sus expresiones de sexualidad porque se consideran malas, no aptas para una mujer decente y bien educada. Al igual que en muchas otras esferas de su vida, en lo sexual se aprende a ser pasivo y paciente. Al concluir una de mis conferencias, una encantadora señora de edad madura se acercó para compartirme una estrategia que tuvo que emplear después de años de matrimonio en el que su esposo llevaba la batuta y sólo él decidía cuándo quería estar con ella, dando por hecho que ella siempre debía estar disponible y esperando. Y un buen día, sintiéndose insatisfecha pero sin saber cómo expresarle sus deseos de intimidad, lo único que se le ocurrió fue informarle al sorprendido marido que cada vez que le viera amarrado un listón rojo en el dedo de su mano, es que esa noche le tocaba y entonces él también debía estar disponible para ella.

El condicionamiento para reprimir nuestra sexualidad se escucha con fuerza y claridad especialmente durante la adolescencia. Aquí, el mensaje era que la sexualidad era algo de lo cual avergonzarse, algo que temer o ignorar, y sobre todo, algo que eludir, para no meterse en problemas. Las niñas buenas simplemente no hacían esas cosas. Pero, al mismo tiempo, las niñas buenas eran adiestradas para emplear su sexualidad para atraer a los hombres, siendo seductoras y coquetas. Nuevamente, el confuso doble compromiso: nos enseñaron a relacionarnos con nuestro cuerpo dentro de expectativas rígidas y programadas, separadas de nuestro propio placer. Muchas de nosotras no podíamos distinguir qué era ser buenas o malas y cuándo éramos una cosa u otra.

Por su parte, a los niños se les prohíbe llorar, quejarse o manifestar tanto la alegría como el dolor. Bajo frases como: "los machos no lloran", "ni que fueras vieja", "no seas maricón", van aprendiendo que sentir y expresar es malo y censurable.

Vamos creciendo cojos y una parte de nosotros se queda enana, infantil y atrofiada. Pudiendo ser robles, nos conformamos con ser bonsáis y nos estiramos en lugar de crecer.

Es común que la mujer utilice su sexualidad como arma de ataque o de autocastigo. Por ejemplo, al enojarse con su pareja la mujer inhibe su deseo sexual como un castigo hacia

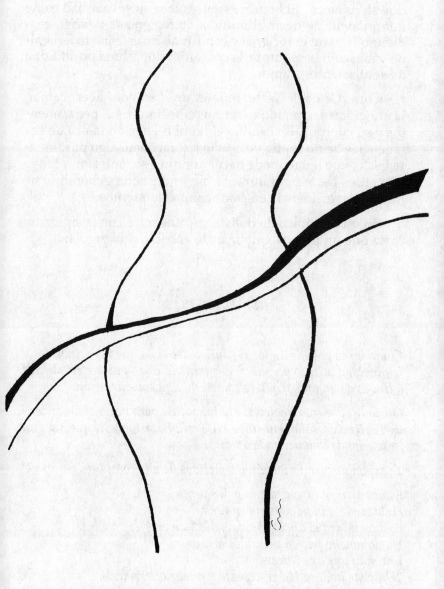

su compañero, sin darse cuenta del daño físico y psicológico que se provoca. El hombre suele tomar su sexualidad como una manera de decir al mundo: *yo soy grande y fuerte*, evadiendo la parte emocional y espiritual. En este juego femenino y masculino, se rompe la comunicación y toda posibilidad de sentimientos y amor.

Como Ortega y Gasset refiere, "en el acto de hacer el amor, la mujer involucra todo su ser, sus emociones, sus pensamientos y su cuerpo". En cambio el hombre, haciendo eco de sus creencias de no sentir, ve el acto sexual como algo puramente físico, que igual puede hacer aunque esté enfermo y tenga 40 grados de temperatura. Si bien no puede generalizarse, hay una coincidencia en estos comportamientos.

En un periódico de Bolivia, me encontré con la siguiente carta que un preocupado marido escribió a su pareja:

AMADA ESPOSA

Como no es posible dialogar contigo debido a que tus principios y femineidad no te lo permiten, he mantenido la siguiente estadística a través de un año, y quiero someterla a tu consideración:

Durante el mismo he llevado la iniciativa para hacer el amor contigo 365 veces, solamente tuve éxito en 24 ocasiones, lo que hace un promedio de una vez cada 15 días.

Te expongo a continuación los motivos de mis continuos fracasos.

Estabas cansada cincuenta y dos veces.
Habías ido a la peluquería en doce.
Porque no era el día apropiado, diecinueve.
Hacía mucho frío en veintidós ocasiones.
Era muy tarde en dieciséis.
Te hiciste la dormida en sesenta y nueve ocasiones.
La ventana estaba abierta y podían vernos, nueve.
Tenías dolor de cabeza, veintiséis.

Hacía mucho calor, veintitrés.
Sentías dolor de espalda, ocho.
No estabas de humor, veintiuna.
Hubo visitas hasta muy tarde, once.
Te dolían las muelas en seis ocasiones.
Se podían despertar los niños en trece.
Viste la televisión hasta muy tarde en siete.
El pequeño estaba llorando en catorce.

Lo que hace un total de trescientas cuarenta y una.
De las veinticuatro en que tuve éxito,
veintitrés no fueron satisfactorias porque:

Cinco veces me dijiste que me apresurara.
Once veces tuve que despertarte para hacerlo.
Una vez te distrajo una mosca.
Tres me dijiste que necesitabas dinero.
Tres veces también me comentaste que el techo necesitaba otra mano de pintura.
Y, finalmente, una vez tuve miedo de haberte lastimado pues me pareció que te movías.

Cariño: tu marido, que te echa de menos.

Un saludo.

4
Prisioneras del pasado

El dolor no es inaguantable, lo inaguantable es tener el cuerpo aquí y la mente en el pasado y el futuro.

ANTHONY DE MELLO

EL PASADO no puede cambiarse, por muy bueno o doloroso que haya sido. Lo que sí podemos hacer es cambiar nuestra actitud respecto al pasado y tomar de éste aquello que nos haga más fuertes. Vivir atrapados en el pasado es elegir morir en el presente y negarnos la posibilidad de un mejor futuro. Cuando creemos que todo era mejor ayer, o bien cuando no superamos lo vivido, arrastramos cadenas que terminarán por hundirnos. Cada cosa que hacemos deja huella en nosotros, por eso puede decirse que el hombre es rehén de su historia. El pasado debe enlatarse y debemos fugarnos hacia el futuro.

Los rencores, la venganza, el dolor, los remordimientos y una interminable lista de culpas lograrán hacernos esclavas de lo irremediable. Cuántas veces no hemos escuchado a personas ya mayores atribuir tal o cual comportamiento negativo porque siguen arrastrando su pasado: porque su papá nunca las quiso o porque no valoraron su trabajo, porque no eran la *bonita* de la familia.

Si el pasado lastima, será mejor cerrar la página y seguir adelante. Por el contrario, si los sucesos vividos nos dan alegría y fortaleza, hay que construir sobre ellos el presente y hacer la elección del futuro que queremos. Algo así como un profesor de vuelo que cuestionaba a uno de sus mejores alumnos: "Va usted en un avión, se declara una tormenta y le inutiliza a usted el motor. ¿Qué debe hacer?" El estudiante contesta: "Seguiré con el otro motor". "Bueno —dijo el profesor—, pero llega la otra tormenta y le deja sin el otro motor.

¿Cómo se las arreglaría entonces?" "Pues seguiré con el otro motor". "También se lo destruye otra tormenta". "¿Y entonces?" "Pues continúo con el otro motor". "Vamos a ver —se mosquea el profesor— ¿se puede saber de dónde saca usted tantos motores?" Y el alumno, imperturbable, contesta: "Del mismo sitio de donde saca usted tantas tormentas".[3]

Renunciar a ciertas ideas viejas es indispensable para crecer. Debo aprender cómo desprenderme de la imagen fija de quien creo que soy. Si quiero crecer, debo desengancharme de mi pasado.

Las culpas y los remordimientos no ayudan, tampoco lo hacen los rencores y los odios. Si hay que enfrentar el dolor para superarlo, es siempre preferible a masticar el resentimiento de por vida. Es increíble cómo podemos conservar por años una cuenta por cobrar y la vamos archivando para cobrársela a otro, sin percatarnos de que actuar así nos convierte en grandes y seguros perdedores.

Sufrir es parte de un proceso de crecimiento de vida, pero no es el sentido de la vida. Los duelos debiesen tener un periodo, habría que vivirlos y darnos el permiso de volver a empezar.

Eleanor Roosevelt afirmaba: "Nadie puede hacerte daño sin tu consentimiento" y Víctor Frankl sigue enseñando al mundo con su testimonio de vida como prisionero judío en los campos de concentración alemanes, que hasta el último momento de nuestra vida tenemos la libertad de escoger con qué actitud elegimos morir y decidimos vivir. He aquí el testimonio de un prisionero de uno de esos campos, que en realidad era un hombre libre, más libre que muchos de nosotros:

Érase una vez un campo de concentración en el que vivía un prisionero que, a pesar de estar sentenciado a muerte, se sentía libre y

---

[3] SAVATER, Fernando, 1997, *Etica para Amador* (Edit. Planeta Mexicana, ed. 23a., pp. 39 y 40).

cantaba sin temor. Un día apareció en medio de la explanada tocando su guitarra, y una multitud se arremolinó en torno a él para escuchar, porque, bajo el hechizo de la música, los que lo oían se veían como él, libres de miedo. Cuando las autoridades de la prisión lo vieron, le prohibieron al hombre volver a tocar.

Pero al día siguiente, allí estaba él de nuevo, cantando y tocando la guitarra, rodeado de una multitud. Los guardianes se lo llevaron de ahí sin contemplaciones y le cortaron los dedos.

Y una vez más, al día siguiente, se puso a cantar y hacer la música que podía con sus muñones sangrantes. Y esta vez, la gente aplaudía entusiasmada. Los guardianes volvieron a llevárselo a rastras y destrozaron su guitarra. Al día siguiente, de nuevo estaba cantando con toda el alma; ¡qué forma tan pura e inspirada de cantar! La gente se puso a corearle y, mientras que duró el cántico, sus corazones se hicieron tan puros como el suyo, y sus espíritus igualmente invencibles.

Los guardianes estaban esta vez tan enojados, que le arrancaron la lengua.

Sobre el campo de concentración cayó un espeso silencio, algo indefinible. Y para asombro de todos, al día siguiente estaba ahí de nuevo, balanceándose y bailando a los sones de una silenciosa música, que sólo él podía oír. Y al poco tiempo, todo el mundo estaba alzando sus manos y danzando en torno a su sangrante y destrozada figura, mientras los guardianes estaban inmovilizados y no salían de su estupor.

Es alentador saber que por más que actuemos en contra de nosotras mismas o por difícil y molesto que resulte el pasado, nuestra esencia permanece y por oscura que esté la noche, es la llama que alumbrará el despertar, si nosotras así lo decidimos.

Tu esencia es lo que realmente eres tú
lo que no se te puede quitar,
lo que no puedes jamás perder,

modificar, destruir
ni desechar.
El tú irreductible.

Puedes cambiar y transformar todo
tu universo.
No puedes cambiar tu esencia.[4]

Romper las cadenas del pasado nos devolverá las energías que requerimos para vivir el presente. Es aprendiendo de lo vivido como se va tejiendo la experiencia y la sabiduría. Lo trágico sería convertirnos en almacén de los borrones y las faltas de ortografía que otros, y yo misma, escribimos algún día en las páginas de nuestras vidas. Hay que dar *borrón y cuenta nueva*.

Lo único que tenemos es el aquí, el ahora, el hoy. Tan grave es vivir en el pasado como no darse permiso de ser felices por esperar un futuro que no sabemos si llegará. "Cuando tenga dinero, o tal o cual cosa, sí voy a divertirme"; "ahora que ingrese a la preparatoria voy a estudiar en serio"; "en cuanto llegue el lunes voy a empezar a hacer ejercicio"; "cuando mis hijos crezcan me voy a dar un tiempo para mí"; "nada más que enviude voy a viajar por el mundo"; "en cuanto me den el ascenso voy a dedicarme en serio a trabajar"...

Si no lo hago yo, ¿quién?
Si no es ahora, ¿cuándo?
Si no es aquí, ¿en dónde?

---

[4] WILLIAMS Paul, 1993, *Recuerda tu esencia* (edit. Diana, 3a. ed., p. 55, México).

5
¿Adicta, yo?

La adicción es lo contrario a la libertad.
...es cualquier cosa que mantenga el control de nuestras vidas
y es progresiva y mortal...

Cuando somos adictas hemos perdido nuestra mente y nuestro corazón, nuestra voluntad y el control de nuestra vida.

Anne Wilson Shaef dice que:

Adicción es cualquier proceso ante el cual somos impotentes. Nos controla, nos obliga a decir, hacer y pensar cosas que no van de acuerdo con nuestros valores personales y nos conduce progresivamente a ser más compulsivos y obsesivos.

La adicción es un proceso que se usa para evitar o eliminar cualquier realidad que sea para nosotros intolerable o dolorosa.

Las adicciones no se limitan al consumo de droga, alcohol o tabaco. Quién de nosotras no conoce a una mujer adicta a la limpieza, su tarea más importante es sacar brillo a lo brillante e ir detrás de sus invitados acomodando el sillón que acaban de abandonar, recogiendo los restos de cigarro cuando apenas se ha prendido el segundo de la tarde y viviendo en angustia permanente ante cualquier amenaza de un terrible microbio que pretenda apoderarse de cualquier rincón. Las adictas a la limpieza terminan siendo esclavas de cuatro paredes y generalmente terminan solas, pues ante la angustia de perder el olor a nuevo y a excesivamente limpio provoca pocas invitaciones a la familia, niegan a los hijos el permiso para traer a sus amigos y evita cualquier acción que amenace el orden de su jaula de oro. A las casas demasiado limpias se les nota la tristeza y hay una falta de vida.

Al igual que con la limpieza, se desarrollan adicciones al trabajo, a una relación enferma, adicción a ser agradable, al dinero, a cuidar la casa, a la comida con la que solemos consolarnos y creemos castigar a los demás. Conocer a una mujer que no hable de dietas —que no es lo mismo que hacerlas— resulta todo un suceso fuera de serie, más en estos tiempos donde el valor de lo estético y de lo económico los hemos colocado en el principio de la lista. Adicción al sufrimiento, a la opinión de los amigos, al sexo, a las compras.

Al escribir estas líneas recuerdo a la abuelita de unos primos cuya adicción a las telenovelas era tal, que sacrificaba las vacaciones con tal de no perderse un capítulo de ellas.

Enlistar las adicciones provocaría escribir una enciclopedia, pero todas ellas nos conducen a lo mismo: cualquier adicción que controla nuestras vidas y nuestra voluntad, nos resta el ejercicio de la libertad y por tanto las posibilidades para construir una felicidad genuina. Y como en muchos otros sucesos de nuestra vida, quien padece la adicción suele ser el último en enterarse y aceptarlo, lo que dificulta superarla con un mínimo de dolor.

Aun en materia de adicciones, la mujer encuentra mayores limitaciones para poder superarlas, porque muchas de ellas se practican *a solas* o a escondidas. El alcoholismo en mujeres es más difícil de detectar y por lo tanto de enfrentar, porque se vive dentro de la casa, de la habitación, para evitar mayores sanciones de la sociedad que expresa: "No es lo mismo un hombre alegre, que una mujer alcohólica, ¡imagínate que horror!" El dolor y la angustia no distinguen sexos ni clases sociales, pero el ser mujer en muchos de los casos los hace doblemente graves y difíciles de superar.

Una mujer maltratada puede hasta sonar *normal* en ciertas comunidades y se le recriminará el tratar de cambiar su vida y elegir otras opciones.

La adicción se desarrolla cuando queremos evadirnos o defendernos del dolor o cuando el anhelo de amor es tan grande que necesitamos llenar con algo nuestro vacío interior. El

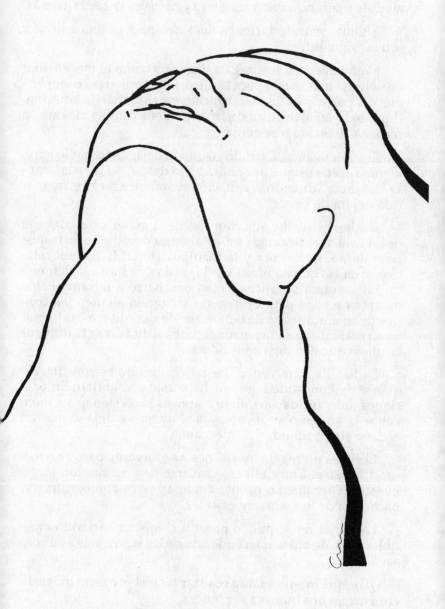

nivel de tolerancia va en aumento y cada vez se necesita más.

Algunas manifestaciones de quien padece una adicción son las siguientes:

El engaño de sí mismo. La negación como el mecanismo de defensa más usado por el adicto. Los familiares co-dependientes participan de esa negación escondiendo la adicción. Cuando le señalan su adicción, la persona cambia el tema, lo rechaza, lo olvida o se enoja.

El autoengaño: "Cuando yo quiera dejar de fumar lo haré, lo que sucede es que por ahora no lo deseo". O bien la esposa que dice: "Cuando la situación económica mejore, mi marido dejará de beber".

Deshonestidad y adicción van de la mano, pues algunas de las características más sobresalientes del adicto son la deshonestidad, la mentira y la manipulación. Mantienen relaciones en las que no prevalece la verdad y están a la defensiva: no aceptan la crítica. Erigen una barrera infranqueable delante de ellos para protegerse y cuando alguien los confronta, su mecanismo de defensa es desacreditar a esa persona en cosas de su vida personal para así disminuir la influencia de lo que ella diga a los demás.

La batalla para vencer las adicciones no es sencilla, requiere de honestidad, de mucho coraje y voluntad. En ocasiones debe incluso acudirse a apoyos profesionales. Quien vence la adicción se recupera a sí mismo y deja de ser un esclavo sin posibilidad de elección.

El ser es un regalo que se nos ha otorgado, pero es necesario hacerse. Entre el ser y hacerse hay un camino largo: nuestra biografía. Lo propio del hombre es autoconstruirse partiendo de lo dado que es el ser.

La mujer no se puede hacer a sí misma haciendo cualquier cosa, de ahí la trascendencia de las elecciones y su consecuencia.

¿Por qué interesa tanto realizar bien el proyecto biográfico? Porque nos interesa ser felices.

6
La mujer maravilla

¿Y quién dijo que debemos ser perfectas?

Así como algunas mujeres eligen desperdiciar su vida, muchas otras son *SIISTAS*, y la palabra NO les está prohibida. La mujer siísta mantiene el lema de los *scouts*: *siempre lista* a la hora que sea y para todos los que la necesiten. Cree que es indispensable y nadie podrá hacer las cosas mejor que ella. Las expectativas y exigencias son estrictas e implacables, y la perfección se convierte en una obsesión en todos los aspectos de la vida.

La mejor madre, la ejecutiva del año, la esposa incondicional, la amiga maravillosa, la amante perfecta y dispuesta, el mejor cuerpo, el maquillaje impecable, y una respuesta afirmativa para todos aquéllos que nos rodean. Se supone que debemos vivir acordes con todos nuestros roles tradicionales, criar a los hijos, consentir a nuestros maridos y mantener hogares hermosos. A la par, se supone que formemos parte de la fuerza de trabajo, compitiendo en el mundo de los hombres, escalando la jerarquía corporativa. Y por si esto fuera poco, lucir amorosas y capaces cada minuto del día. Pero eso no es suficiente: también se espera que impresionemos a nuestros amigos con nuestro hermoso guardarropa y nuestra facilidad para los entretenimientos, el tenis y los arreglos florales. ¿Cómo es posible que hagamos todo eso al mismo tiempo?

John Powell afirma al respecto que cuando la perfección es un ideal se vuelve tortura, no así el crecimiento que ve la vida como un proceso durante el cual las habilidades se desarrollan en forma gradual.

Las mujeres heroicas suelen postergar sus deseos y necesidades ya sean físicas o emocionales. Tienen una obsesión por triunfar, por lograr el reconocimiento y la admiración de los demás y a cambio de estos aplausos están dispuestas a todo.

Para una mujer heroica no hay tarea imposible, es capaz de dominar todo y controlar cada aspecto de su vida y también de la vida de quienes la rodean. Por eso acepta todos los compromisos que puede, no importa si los quiere, con tal de sentirse suficientemente ocupada. Por eso, cuando no consigue la aprobación de los demás, la frustración se hace presente y la decepción la lastima profundamente. Vive en tensión permanente porque suele haber una desproporción entre las expectativas que se impone y la realidad que enfrenta.

Una heroína se basta a sí misma y, por lo tanto, prefiere hacer piruetas y malabares antes que pedir ayuda o aceptarla. Ella es fuerte, segura y cuida hasta el último detalle para que su imagen no se dañe en ningún momento.

Para la *mujer maravilla* el valor de la persona no está en el ser, sino en el hacer, y cuando su actividad disminuye se siente culpable y su autoestima se afecta. Por eso no hay tiempo para ella, pues está empeñada en dar los resultados a que se comprometió y que suelen estar más allá de sus posibilidades. Establecer metas responsables significa aceptar limitaciones. El heroísmo afirma que no existen.

A menudo gastamos grandes cantidades de tiempo, energía y emoción en los asuntos de otras personas y esperamos que lo aprecien, sin considerar si ellas desean toda esa atención. Animamos a los demás a que se conviertan en dependientes, mientras descuidamos nuestros propios problemas. Y al final, no le estamos haciendo el favor a nadie.

La presión para ser una compañera sexual a la medida, administrar las tareas domésticas con facilidad, criar niños felices y hermosos y ser una dínamo profesional, todo ello casi sin despeinarnos, es estimulada por las imágenes de los medios de comunicación. Los anuncios presentan al ama de

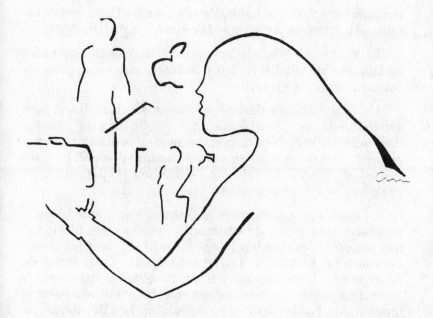

casa lavando kilos de ropa sin despeinarse y a la ejecutiva disfrutando de elegantes y confortables lugares. Nada de cansancio, niños, enfermos, problemas de salud, agendas apretadas, pérdida de clientes. Por tanto, el estar ocupadas nos hace sentir más completas, es una forma de ignorar el vacío interior.

La persona sana tiene el control de su vida, la perfeccionista es controlada. Los casos de desórdenes alimenticios ya rebasan hasta el más pesimista de los pronósticos. Según los datos de la Asociación Americana para el Tratamiento de la Anorexia y la Bulimia, sólo en los Estados Unidos unas 150, 000 mujeres mueren víctimas de la anorexia cada año, y en muchos casos puede describírselas como la versión femenina de *los mejores y los más brillantes:* jóvenes inteligentes y sensibles deseosas de utilizar sus talentos, pero pertenecientes a una clase económica y una cultura que sigue presionando a las mujeres para que sean decorativas y perfectas. Como se pregunta Naomi Wolf en nombre de todas las contemporáneas:"¿Cómo habría de reaccionar el país ante la inmolación en masa por hambre de sus hijos predilectos?"

La vida es demasiado apresurada, demasiado desordenada, con demasiados ruidos y distracciones como para escuchar nuestra voz interior.

Las exageraciones tienen fundamentos en la realidad, pero son distorsiones. "Soy la única que puede hacerlo", "todos dependen de mí", "las empleadas perfectas nunca cometen errores", "las buenas madres están siempre disponibles para sus hijos", "tarde o temprano tendré tiempo para mí". Se suele hablar en términos absolutos.

Cuando nos entregamos al trabajo, hijos, amistades, a aventuras amorosas o al matrimonio, y provocamos que nuestras necesidades queden relegadas o ni siquiera las consideramos, los resultados suelen ser trágicos. Entre tratar de hacer todo a la perfección y tratar de obtener valoración y amor de aquellos que nos rodean, nuestra salud va a parar al incinerador. Por las noches no dormimos, nos desmayamos. Pero si llegamos a despertar en la noche, empezaremos con un activismo mental planeando lo que haremos al día siguiente. Detenerse a pensar y estar con nosotras mismas ni siquiera se cuestiona, pues todo el ser está programado para *hacer*.

Las mujeres indispensables tenemos normas excepcionalmente elevadas. No estamos satisfechas con un trabajo mediocre o relaciones tibias. Esperamos destacar, brillar. Cuando nuestra actuación no llama la atención, nos sentimos decepcionadas. Podríamos sentirnos enojadas, tristes, preocupadas e incluso avergonzadas. Pero, en vez de reconocer estos sentimientos, manifestamos que nos sentimos *presionadas*.

"La velocidad es una cosa maravillosa: no tengo nada en contra de ella. Pero cuando la velocidad se vuelve prisa, es un veneno".

Los japoneses tienen un proverbio al que deberíamos prestar atención: "El día que dejen de viajar, llegarán". Y yo diría: "El día que paren de correr, llegarán".

Eso me recuerda a un padre que estaba con los hijos en un museo y decía: "¡De prisa, porque si se paran a mirar cada cosa, no verán nada!"[5]

Ser flexible es una virtud de las personas inteligentes, no hay fanático inteligente. No esperar hasta llegar al final para descansar y disfrutar. Buscar estaciones intermedias. Ser feliz en lugar de hiperactiva. Hay que disfrutar lo que hacemos, no padecerlo, y la línea que separa estas actitudes es casi imperceptible.

Ejercer el derecho a equivocarnos es fundamental para madurar y lograr nuestros propósitos. Es un acto de irresponsabilidad no dedicar tiempo a uno mismo. La caridad comienza en casa, si no me amo a mí misma, no puedo amar a nadie más. Hacer caso omiso de las necesidades propias es desde luego el suicidio. Por lo general, las mujeres heroicas ocupan el segundo lugar en capacidad de expresión.

Dividimos nuestro ser en tres: cuerpo, mente y alma. Así, confiamos nuestro cuerpo al médico, nuestra mente a los psiquiatras y nuestra alma a los teólogos, olvidando que somos uno solo, por eso un problema que se origina en una de las partes puede afectar al resto.

El estrés crónico y recurrente agota el cuerpo y aniquila el sistema inmunológico. Nos enfermamos por estrés pero podemos también morir por su causa.

Los médicos de la *American Academy of Psychosomatic Medicine*, fundada en 1953, calculan que entre el 75 y 90 por ciento de todas las enfermedades diagnosticadas derivan en parte del estrés. Las tres drogas prescritas de mayor venta en Estados Unidos son *Valium* para el relajamiento, *Inderal* para la presión alta y *Tagamet* para las úlceras.

Hablando en términos prácticos, cada vez que te sientas presionada o al borde de aceptar una nueva demanda, detente y primero pregúntate:"¿Quién me obliga a hacer esto?"

---

[5] DE MELLO, Anthony, *op. cit.*

Si la respuesta es: "Yo", entonces decide si en realidad es necesario asumir una nueva obligación. Si la sensación de presión proviene de fuentes externas, dependerá de ti asumir o no la responsabilidad.

Otra manifestación de autocastigo es la filosofía cicatera del que se apega demasiado al dinero y a las cosas y no permite la autorrecompensa. La tacaña siempre verá la recompensa como innecesaria, debido a que no producirá nada tangible. Dirán: "no es necesario, ni de vida o muerte".

Ahorrar no debe convertirse en un fin en sí mismo, sino en una actitud previsora. Si prefieres entregar tu dinero a las farmacias, a los psicólogos y médicos, no te des gustos. Nos encontramos a mujeres cuyo mayor orgullo es presumir de las *gangas* que consiguieron en su último viaje, y es común ver que los zapatos les aprietan a sus hijos o les quedan enormes, porque eran los de la barata, mientras la chequera engorda. Conocerán por lo menos a una de estas mujeres para quienes gastar un centavo se convierte en un acto de sacrificio extremo. No se trata de derrochar o de gastar lo que no se posee, pero la avara hace del dinero un fin y no un medio y así su restringida generosidad la hace miserable con quienes ella dice amar más.

Terminamos por no disfrutar, padecemos, sufrimos y entre más nos movemos, menos logramos, entre más hacemos, menos poseemos; entre más decimos *sí*, menos nos gustamos. Mi donación no es por amor, sino para lograr ser aceptada y querida.

Resulta urgente mirar hacia nosotras, porque el mundo interior nos hace fuertes, valientes, seguras de nosotras mismas, porque nos ayuda a situarnos como prioridad. Confundimos felicidad con estar contentas, ir de compras, cumplir caprichos.

La enfermedad y la salud tienen una relación directa con nuestras emociones y pensamientos. Nosotras participamos directamente en nuestra salud. Aprender a decir NO es una condición para crecer. Cuando dices SÍ por no desilusionar a alguien, es cobardía. Un gran ejercicio para el amor es saber decir NO. La persona libre es la capaz de decir SÍ o NO con la misma sencillez y bajo cualquier circunstancia.

La persona sana es libre y elige libremente, la perfeccionista no lo es, su espíritu libre vive en una prisión. Su valor se mide por su desempeño, su éxito es producto de su ir y venir pero no porque sea quien es.

Es muy común que las mujeres describan un sentimiento de pérdida asociado con la ausencia de la actividad cuando están descansando o tranquilas. Existen cinco categorías de supuestos que crean expectativas de perfeccionismo e indispensabilidad.

Las exageraciones: "Soy la única que puede hacerlo".

"Todos dependen de mí".

Los absolutismos: "Las buenas esposas siempre están disponibles".

Los ultimátums: "Si no me ocupo, todo se derrumbará".

Los axiomas: "Cuanto más haces, más vales".

Las excusas: "Es más fácil que lo haga yo misma".[6]

¿Cuánto tiempo hace que no contemplas un atardecer y las figuras del fuego en una chimenea? ¿Cuándo diste el último paseo por el parque o el bosque sin prisa? ¿Cuánto tiempo hace que no disfrutas de tu jardín, de tu álbum de fotografías? ¿De cuántas cosas nos perdemos por caer en esta adicción al trabajo tan engañosa y que aparenta ser tan buena?

Nuestra cultura afirma a las personas por lo que hacen, por lo que logran y no por lo que son. Para lograr la intimidad conmigo misma, con los demás y con Dios, la parte que yo ofrezco es lo que soy.

---

[6] STERN, Ellen Sue, 1990, *La mujer indispensable*, (Edit. Paidós, pp. 180-181, México).

Y también nos vemos atormentadas de otras formas. Nos sentimos continuamente forzadas a elegir entre el trabajo y la familia, o las relaciones amorosas. Las aspiraciones financieras y mundanas combaten el deseo de alimentar y apoyar nuestro aspecto espiritual. Luchamos con las necesidades antagónicas para establecer el orden y la estabilidad sin perder la capacidad para el amor, la espontaneidad y la plena expresión de la sexualidad. Criticamos las restricciones de épocas pasadas, pero la sociedad contemporánea aún es deficiente para ayudar a las mujeres a encontrar caminos creativos para equilibrar y satisfacer todos los aspectos de sus vidas.

Nos ayudaría aprender a:

Clasificar los valores, priorizar, establecer límites, y ser flexibles para reencontrarnos y volver a comenzar.

7
Darnos permiso

Desgastamos la vida en tonterías que nada valen.
Y la vida es el más preciado regalo que se puede desear.
Intentar impresionar a la gente,
¿para qué sirve eso?

La COMPLEJIDAD de la vida actual y la velocidad con que debemos vivir, nos impiden disfrutar de lo sencillo y darnos permiso para sentir, desear, disfrutar, querer, arriesgar.

Conforme pasan los años, nuestros sentidos se atrofian y el ruido de afuera no nos permite siquiera escucharnos. Hemos dejado de sentir el olor. El degustar resulta imposible cuando hay que consumir una comida en tres minutos y el recuerdo de sentir se quedó en el jardín de niños cuando nos sorprendían las texturas lisas y corrugadas. Miramos, pero no observamos, y hemos entrado a un mundo de comodidades y complacencias en donde arriesgarnos a una aventura diferente está fuera de nuestra perspectiva. Nos hemos olvidado de disfrutar nuestros sentidos y vivirlos con mayor intensidad.

Valdría la pena preguntarnos si la niña que fuimos ayer, se siente orgullosa de la mujer que hemos hecho hoy de nosotras. Esperar grandes acontecimientos para alegrarnos y sentirnos bien, nos impedirá disfrutar la vida. Habría que hacer de cada día un gran acontecimiento, de modo que cada día cuente.

El día que nació mi hermana mayor, una humilde mujer que ayudó a asistir a mi mamá le dijo: "...mira, cada vez que nace un niño, trae un librito en la cabeza y en él debes anotar y saber que lo que ahí apuntes ya no se va a borrar tan fácilmente. Cada día que pase se abrirá una hoja nueva y, cuando tu niña crezca, entonces ella escribirá..."

Ni duda cabe que era una sabia mujer, y ahora, ¿cómo escribimos cada página, cada día de nuestra vida?. ¿Cuántas páginas habremos dejado incompletas o en blanco, porque no nos dimos permiso de llenarlas con las líneas que más deseábamos, con los sentimientos que queríamos expresar? O tal vez habrá otras en donde los borrones y las faltas de ortografía se destacaron más que los aciertos y las frases bien escritas.

Tenemos el poder para escribir líneas de luz pero también de oscuridad, de pasar por la vida o dejar que la vida pase por nosotras sin habernos percatado de ello. El cuerpo es un instrumento para sentir. "Escogemos mucho de lo que el cuerpo siente. Yo quiero escoger alegría".

La exploración es uno de los comportamientos que más garantiza el desarrollo inteligente y emocional de nuestra especie. La inercia ha reemplazado la audacia del explorador. Hemos desarrollado una intolerancia a la incomodidad que nos lleva a la postración, impidiendo ensayar cosas nuevas y experimentar. Poseemos listas interminables de rutinas y nos enorgullecemos estúpidamente de ellas porque generan *estabilidad*. Somos más teóricas que empíricas. Tenemos miedo a lo desconocido, pocas veces nos aventuramos más allá de nuestro territorio y, cuando lo hacemos, organizamos las cosas de tal forma que nada escapa a nuestro control: nada de imprevistos.

En ocasiones ponemos demasiados requisitos a las emociones y las racionalizamos antes de aceptarlas, olvidando que son parte de nosotras. En la medida que las neguemos, limitaremos el amor a nosotras mismas y a los demás. Probablemente son miles los *te quiero* sin decir, las caricias reprimidas, las sonrisas espontáneas, los anhelos prisioneros. Una condición de estar vivo es sentir. Las cuotas y los límites para sentir estropean la posibilidad de una vida más plena. Las emociones son parte de ti. Si las niegas, o les temes, estarás perdiendo no sólo la capacidad de amarte a ti misma, sino de amar a otros.

Lo que el oído desea oír es música, y la prohibición de oír música se llama obstrucción al oído. Lo que el ojo desea es ver belleza, y la prohibición de ver belleza es llamada obstrucción a la vista. Lo que la nariz desea es oler perfume, y la prohibición de oler perfume es llamada obstrucción al olfato. De lo que la boca quiere hablar es de lo justo e injusto, y la prohibición de hablar de lo justo e injusto es llamada obstrucción del entendimiento. Lo que el cuerpo desea es disfrutar de ricos alimentos y de bellas ropas, y la prohibición de gozar de éstos se llama obstrucción a las sensaciones del cuerpo. Lo que la mente quiere es ser libre, y la prohibición a esta libertad se llama obstrucción a la naturaleza. (Yang Chu, siglo III d. C.)[7]

Debemos aprender a convivir con nuestras emociones. Elegir las que nos convengan y colaborar en nuestro proceso de crecer y desechar las que nos disgustan y nos limitan. Tenemos derecho a esta elección. Para saber quiénes somos es necesario ser conscientes de nuestros sentidos, de nuestras emociones, de nuestra mente, de nuestra voluntad y de nuestra interioridad. Nadie puede tener relaciones profundas con otra persona si no las tiene primero consigo mismo.

No temas a tu piel, ella te pondrá en relación con un mundo adormecido por el uso de la ropa y los tabúes. No esperes las vacaciones para sacar tu piel a sentir. El olor de la comida, la lluvia, la tierra mojada y los perfumes están ahí, esperando para que los disfrutemos. La aromaterapia busca dar salud a través de sensibilizar nuestro olfato y nuestra piel. Una excelente novela de Laura Esquivel, *Como agua para chocolate*, nos adentra al mágico mundo de los aromas y la degustación que trasciende lo inmediato y lo visible. Mi mamá, que es una excelente cocinera, me enseñó a saborear el amor por la comida y de paso por la vida. Cada uno de nosotros tiene su propio aroma y tal vez aún no nos percatemos de ello, pero nuestra ropa huele a nosotros, así como cada uno de nues-

---

[7] SAVATER, Fernando, *op. cit.*, pp. 160-161.

tros espacios y territorios. Nadie huele como nosotros, hasta en eso tenemos exclusividad.

Hace falta aprender a escuchar, se invierte mucho en aprender a hablar, a leer y escribir, no así en aprender a escuchar mi yo, mi entorno, mi todo que me rodea.

Se escucha con todo: los ojos, para captar el lenguaje corporal que muchas veces transmite más contenido que las mismas palabras; con el entendimiento, para captar las razones de lo expresado y su relación con quien lo expresa; con el corazón, para participar de los sentimientos del otro y comprender lo que siente.

Darnos permiso de equivocarnos, de sentir la lluvia, de cambiar nuestras estrictas normas de vida si es que las tenemos, hacer algo distinto, cambiar la rutina de a diario, probar nuevos sabores, expresar lo que sentimos sin cuidar quedar bien según lo establecido, reírnos hasta no poder, llorar si se nos antoja, cantar lo que siempre hemos deseado, vestirnos con esos colores aunque los expertos determinen que no son para nosotros, decir te quiero o decir lo siento, dar una caricia, sentir nuestro cuerpo, descalzarnos como cuando éramos niños, sentir el frío y disfrutar el calor, escuchar nuestro espíritu, son sólo algunos de los permisos que podríamos darnos aunque fuese de vez en cuando.

Darnos permiso nos ayudará a despertarnos, a dejar de vivir como *zombis*. La realidad nos tiene que despertar al confrontar las verdaderas razones de nuestros actos, necesitamos saber si los hacemos por costumbre o porque así se supone que deben hacerse.

Renunciemos a nuestras zonas de comodidad que no nos ofrecen retos ni desafíos. Cuando actuemos en contra de nuestros temores incapacitantes nos liberaremos, saldremos de la oscuridad, emplearemos nuestros dones, talentos, sentidos, y ya no nos conformaremos con hacerlos operar al 5 o 10 por ciento. Sólo entonces pasaremos de lo parcial a lo pleno y la intensidad y amplitud de vida serán nuestro regalo. Nos permitiremos renacer completos. Recordemos que lo rígido se

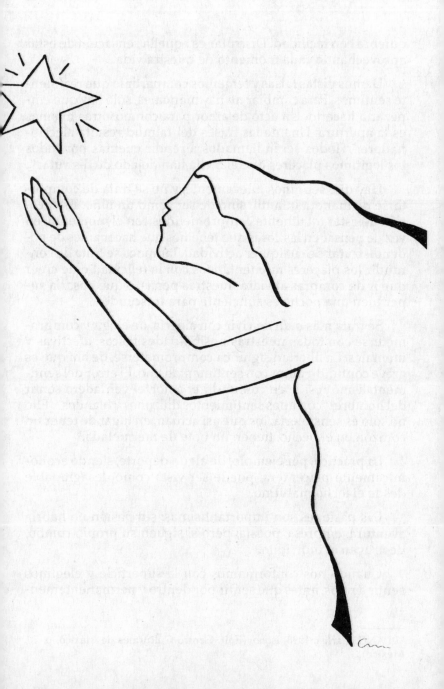

quiebra con facilidad. Disfrutar es aquella sensación de estar aprovechando cada momento de nuestra vida.

Damos pistas falsas y tememos compartir lo que realmente sentimos. Para cambiar no hay manuales, sólo hay que empezar a hacerlo. Un acto de amor para con nosotras mismas es la apertura. Una de las frases del Talmud resulta aleccionadora: "Todos serán llamados a rendir cuentas por todos los legítimos placeres que él o ella han dejado de disfrutar".

Hay que ser niños nuevamente, y no se trata de comportarse de manera infantil, sino de ser como un niño. Es cuestión de estar totalmente comprometidos con el momento, en vez de pensar en las cosas que tenemos que hacer antes de poder disfrutar de cualquier actividad. Tampoco se trata de confundir los placeres momentáneos con la felicidad o de creer que ir de compras aliviará nuestras penas, o que pasarla super bien una noche es suficiente para trascender.

Se trata más bien de vivir con alegría, de elegir y comprometerse con todas nuestras posibilidades físicas, afectivas y mentales. La libertad significa comprometerse, de ahí que es grave confundir amor con sentimentalismo. El error del sentimentalismo reside en confundir el amor, el verdadero sentir del hombre, "con unos sentimientos dulzones y blandos". Ello no sólo es sensiblería, los que así actúan, en lugar de tener un corazón en el pecho, tienen un bote de mermelada.[8]

La práctica, por ejemplo, de algún deporte, siendo económicamente placentera, puede ser vista como desagradable desde el lecho matutino.

Las pasiones son importantísimas: sin pasión no habría aventura, empresa, poesía; pero si siguen su propio rumbo, destruyen al individuo.

Cuando nos conformamos con la superficie y elegimos sentir a ratos, antes que sentir por dentro y permanentemen-

---

[8] LLANO, Carlos, 1998, *Istmo,* (Edit. Centro Culturales de México, p. 20, México).

te, nos vamos convirtiendo como en mujeres de goma, cursis
por fuera y huecas por dentro.

PENSAMIENTOS

Vivir despierta es vivir la vida
es sentir mi cuerpo
es oír mi risa
es llorar profundo
es mirarme dentro.

Vivir despierta es darme permiso
para equivocarme
para conseguirlo
para compartirme
para ser mujer.

Vivir despierta es elegir
lo que más me guste
lo que debe ser
lo que me lastime
lo que me engrandezca.

Vivir despierta es querer
lo mejor sobre lo bueno
lo intenso sobre lo mediocre
lo profundo sobre lo superfluo
lo infinito sobre lo terreno.

Vivir despierta es poder
ser yo misma
ser fuerte
ser débil
ser persona.
Vivir despierta es admirarme
por la luz de a diario

por la estrella de la noche
por las arrugas del tiempo
por la sangre que me corre.

Vivir despierta es sentir
las caricias del amor
las heridas del dolor
lo divino de mi ser
la esperanza de volver.

Josefina Vázquez Mota

Hay un sexto sentido que ciertas mujeres desarrollan con excepcional habilidad. Son las mujeres que con frecuencia afirman: "¡Te lo dije!" Esa intuición que les permite adelantarse y adentrarse al corazón de los demás casi con haberlos apenas visto.

NUEVAS POSIBILIDADES

Tenemos muchas partes de nosotros mismos
Presentes, pero no manifiestas…
Presentes, pero desconocidas…
Presentes, pero escondidas.

Así, en nuestro viaje hacia el futuro, no importa desde
dónde partamos, siempre será una sorpresa maravillosa.
A veces dolorosa,
A veces gratificante,
pero siempre nueva.[9]

La gente dormida y programada es la que la sociedad controla más fácilmente. Cuando uno vive dormido, no sabe cómo

---

[9] SATIR, Virginia, 1998, *Vivir para amar*, (Edit. Pax, p. 53, México).

le van sucediendo cosas y no sabe cómo se olvida de cumplir sus sueños y las metas que se fija un día. La elección de vivir es todos los días.

Lo maravilloso de verse en el espejo interno es descubrir no sólo lo que soy, sino lo que puedo llegar a ser y ese llegar a ser no puede depositarse al azar. Mientras más se intervenga, menos posibilidades se dejan a las circunstancias.

Ya no cualquier cosa me divierte, cualquier compañía me satisface y vivir comienza a convertirse en una especialización.[10]

---

[10] VIDAL, Patricia, 1998, *Arbol que crece torcido, sólo el amor lo endereza.* (Tespo div. Publicaciones, Méx. 1995).

8
Trabajo, ¿enemigo o aliado?

Cuando hay talento y capacidad, se olvida el sexo
y también la edad.

CAROLINA NIETO

HAY UNA desviación al creer que sólo la mujer que labora fuera de casa *trabaja,* como si la que permanece en el hogar no lo hiciera; inclusive hay una polémica, especialmente entre las mismas mujeres en la cual se descalifican unas a otras dependiendo de su circunstancia, con lo que no se ayuda a nada ni a nadie. Millones de mujeres han pasado del doble rol —esposa y madre— al triple rol: esposas, madres y proveedoras.

Aunque este no es un tema suficientemente estudiado en América Latina, los datos presentados llevan razonablemente a inferir que por una parte, el esfuerzo de educación, calificación y dedicación laboral que están realizando las mujeres para insertarse en trabajos más calificados está logrando mayores avances —con respecto a la disminución de la brecha salarial entre los sexos— en las ocupaciones más calificadas que en las de menor calificación, pero, por otra parte, también denotan que a pesar de sus esfuerzos, las mujeres con calificación sufren una discriminación salarial en relación con los varones en las categorías ocupacionales similares.

La incorporación de la mujer a los procesos productivos es una situación que de manera creciente ha podido observarse a lo largo de los últimos años. Esta feminización del trabajo tiene sus causas en aspectos de índole cultural, económica, demográfica, sociológica y política. Sin embargo, el marco legal vigente en la materia es el mismo desde los años posteriores a la Segunda Guerra Mundial.

Simplemente hay que recordar que no hace mucho tiempo en algunos países latinoamericanos, aún a principios del presente siglo, las leyes establecían que era necesario el consentimiento del marido para que la mujer pudiera celebrar un contrato de trabajo.[11]

El número de mujeres que trabajan fuera del hogar se ha incrementado substancialmente. Este cambio no ha resultado fácil ni para el hombre ni para la mujer, que tienen que encontrar modelos de relación diferentes del tradicional, lo que no siempre se logra con facilidad.

Los cambios de la vida moderna y el hecho de que las mujeres madres de familia trabajen, ya sea por necesidad económica o de autorrealización, ha provocado que la dinámica dentro de la relación de pareja y las relaciones familiares se modifique.

La megatendencia indica que para el año 2000, la mujer representará un 50 por ciento de la masa laboral y más del 80 por ciento de las mujeres entre los 25 y los 45 años estarán trabajando fuera de casa cuando termine el siglo XX. Cabe preguntar, ¿qué se podrá prever entonces para el futuro de la familia y en especial para el futuro de esas mujeres si para esa época el hombre no ha aprendido a compartir las labores caseras, de tal manera que continúe para la mujer la mayor parte de la carga doméstica? Las respuestas que encontraremos no serán satisfactorias.

En el ámbito de las remuneraciones permanece la disparidad. Las mujeres trabajadoras desean recibir el mismo salario que los hombres por el mismo trabajo, al igual que la misma seguridad laboral y respeto por su desempeño.

Aunque en el pasado las mujeres consideraban sus empleos como un ingreso adicional del presupuesto familiar, ahora 64 por ciento de las encuestadas dijeron que aportan la mitad o más de la mitad de los ingresos del hogar.

---

[11] REYNOSO, Carlos, 1998, *Laboral: La mujer en el trabajo*, (pp.103-104, México).

La gran mayoría, 94 por ciento del grupo de más de 50,000 mujeres encuestadas en Estados Unidos, dijo que era muy importante recibir el mismo salario que los hombres por realizar el mismo trabajo, pero sólo el 62 por ciento dijo tener una remuneración justa. Las encuestadas también consideraron como muy importantes otros problemas que enfrentan, como los bajos salarios, la discriminación sexual en general y el llamado *techo de vidrio* que obstaculiza el ascenso de las mujeres en su trabajo.

Más de dos tercios de las mujeres, un 72 por ciento, dijo que consideraba necesario tener protección contra despidos o reducciones de personal. Pero sólo 34 por ciento afirmó tener estas protecciones en su trabajo.

De acuerdo con el informe de desarrollo humano 1995 de la ONU, en América Latina las mujeres ganan un salario no agrícola equivalente al 75 por ciento del salario masculino; esto es, su remuneración resulta 25 por ciento menor a la de los hombres.

El informe añade que en el conjunto de la economía mundial hay 11,000 millones de dólares que no se contabilizan, debido a que una gran parte de la labor productiva de la mujer no es remunerada y se hace de manera insuficiente. Agrega que las mujeres trabajan más horas que los hombres en casi todos los países. De la carga total de trabajo remunerado y no pagado, corresponde a las mujeres, en promedio, 53 por ciento en los países subdesarrollados y 51 por ciento en los industrializados.

Cuando Gallup cuestiona sobre las preferencias para elegir al jefe en el ámbito laboral, si se opta más por hombre o mujer, la respuesta mundial revela que las mujeres enfrentan un serio obstáculo en los centros de trabajo.

En todos los países se prefiere trabajar con un jefe hombre. Cuatro de cada 10 encuestados (un 39 por ciento) opinaron que sería benéfico el mayor involucramiento de las mujeres, contra un 13 por ciento que se manifestó en sentido opuesto.

Un dato también relevante es que muchas más mujeres que hombres desearían renacer con sexo diferente al actual. Expresaron, para ello, que hubiesen preferido ser hombres para tener más oportunidades y un mejor trato familiar.

Es muy frecuente que en las oficinas públicas y privadas se solicite en el catálogo de puestos la comprobación de no embarazo, o bien, que no se pueda embarazar la mujer hasta después de seis meses de haber ingresado a laborar, pues si así ocurre, es despedida.[12]

El máximo grado de discriminación, narra la congresista mexicana María Elena Chapa, se da en algunas maquiladoras en la frontera norte, donde se obliga a las empleadas a que muestren la toalla sanitaria a la supervisora para comprobar que no están encinta.

La pobreza abruma cada vez más a la mujer. Se calcula que 600 millones de los 1,000 millones de pobres que habitan en las zonas rurales del mundo son mujeres, lo que ahonda las diferencias.

El fenómeno de la feminización de la pobreza se ha extendido por el mundo entero, y cada vez son más las familias monoparentales, es decir, aquellas que tienen como cabeza de familia a la mujer, de la que dependen hijos, padres y hermanos menores. Las cifras ofrecidas por la Organización Internacional del Trabajo en 1980 respecto al trabajo de las mujeres y la remuneración obtenida, han sido corregidas en 1990, cuando la OIT ha declarado que mientras "las mujeres trabajan las dos terceras partes de todas las horas de trabajo del mundo, éstas sólo perciben el 7 por ciento de los salarios y únicamente poseen el 1 por ciento de los bienes". Datos que no incluyen el trabajo doméstico en los países industrializados, ni los trabajos de acarreo de agua o elaboración de la comida en los subdesarrollados.

El trabajo *negro*, que da lugar a la llamada economía sumergida, está realizado en su mayoría por mujeres y niñas,

---

[12] MEDINA, María Elena, 1996 Reforma, (Consorcio Interamericano de Comunicación, S.A. de C.V. p. 7, México).

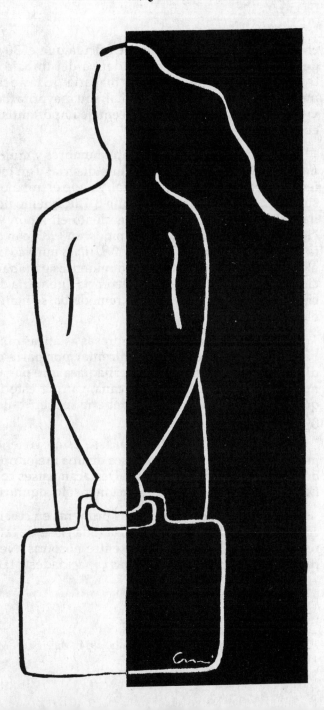

en todos los países. En Italia se calcula que el 30 por ciento del Producto Nacional Bruto deriva del trabajo *negro* y el trabajo a domicilio, que en la mayoría de las ocasiones se insertan en la economía informal, son mayoritariamente femeninos y constituyen un porcentaje importantísimo de las economías nacionales.

La diferencia de salarios entre hombres y mujeres, por el mismo trabajo, en la producción industrial y en los servicios (en el trabajo agrícola es abismal, ya que el trabajo femenino suele ser completamente gratuito o únicamente por la comida) se establece entre el 70 por ciento en Japón y el 15 por ciento en Suecia. En Estados Unidos, en 1985, con ocasión de la década de la mujer, *The New York Times* publicó un informe el cual declaraba que las estadounidenses ganaban el 70 por ciento del salario masculino, diferencia que sufría desde principios de siglo, y que si nada lo remediaba, se mantendría en el año 2000.[13]

Un destacado asesor de empresas asiáticas me comentaba la resistencia que debió enfrentar por parte de un alto directivo de una empresa coreana para que pagara los honorarios a una abogada mexicana, ya que éste insistía en que el trabajo de la mujer no debería ser retribuido en ningún aspecto.

En éste y muchos países más, se están viviendo fuertes migraciones de mujeres en busca de una mejor oportunidad de empleo y un pago más justo. Destacan países como Japón, Dinamarca y Malasia, por mencionar sólo algunos.

Las mujeres debemos ser las primeras en creernos capaces de desarrollar con excelencia toda clase de tareas, y ello requiere la mayor solidaridad entre nosotras. Necesitamos reforzar la confianza en nuestras capacidades y talentos.

---

[13] MORGAN, Robin y FALCÓN, Lidia, 1994, *Mujeres del Mundo*, (Edit. Hacer, 2a. ed., pp. 24-25, México).

Hay un cartel en la NASA que dice lo siguiente:

"De acuerdo a todas las leyes
de la física y la aerodinámica,
el cuerpo de la abeja no es apto
para volar, lo importante es que
ella nunca lo supo".

El desafío en este ámbito es todavía enorme.

Mientras siga escuchando de algunos padres expresiones como: "soy muy desgraciado porque sólo tengo tres hijas y no sé a quién heredar mi empresa", la batalla será ardua, pero no imposible.

Todavía hoy se siguen heredando las empresas por biología, es decir, que sea el hombre y que sea el mayor, haciendo de lado, en un sinfín de casos, la capacidad manifiesta del heredero y el talento de las mujeres de la familia, a quienes se exige el doble o de plano se les descarta simplemente por ser mujeres.

En la medida en que el trabajo sea un camino de realización personal y de una vida más armoniosa y plena, la mujer podrá ser colaboradora fundamental en los retos que enfrentemos.

Por el contrario, si el trabajo deshumaniza a la mujer y la orilla a olvidarse de sus sueños, dignidad y posibilidades de realización integral, terminará por empobrecerla a ella y a todo aquello que la rodea.

Ante este reto, la educación se convierte en un requisito y no en un privilegio, o lo que es peor, considerarse que una mujer educada es una mala inversión. Todavía subsiste aquel mito de que "mujer que sabe latín, ni tiene marido, ni tiene buen fin". Como bellamente señalaba John Ruskin: *Todo objeto de la verdadera educación es hacer que el hombre no solamente haga lo que debe sino que goce haciéndolo; que sea no solamente industrioso, sino amante de la industria; no solamente sabio sino amante de la sabiduría; no solamente amable sino amante de la pureza; no solamente justo sino que tenga hambre y sed de justicia.*[14]

La legislación y los diferentes ámbitos de nuestra vida deberán atender a estas nuevas realidades, de tal forma que el trabajo signifique para la mujer un espacio de creación y desarrollo humano y deje de ser —como hoy sucede para un gran número de ellas— una carga obligada no remunerada con equidad y justicia.

En un futuro no muy lejano, hombres y mujeres trabajarán por razones económicas, y se necesitarán mutuamente para la crianza de sus hijos. Es posible que el Estado contribuya para encontrar horarios más flexibles y tiempos parciales, que permitan a hombres y a mujeres separados y que estén a cargo de sus hijos, pasar más tiempo con ellos. De hecho, estos cambios ya se han experimentado en países desarrollados, donde hay un compromiso con la igualdad entre los hombres y mujeres y con una política social basada en la familia.[15]

---

[14] EYRE, Linda y Richard, 1987, *Cómo enseñarles alegría a los niños*, (Edit. Norma, 2a. ed., p. 47, Colombia).

[15] ROJAS, Nelly, 1995, *La pareja*, (Edit. Planeta Respuestas, 5a. ed., p. 95, Colombia).

9

Mujer y violencia

"Hombre: si ese es tu querer,
ahí te entrego esa mujer,
trátala como mula de alquiler:
mucho garrote y poco de comer".

Fórmula sacramental indígena el día de la boda.

La violencia más grave es la que se infringe la mujer a sí misma cuando no se ama lo suficiente. Este es el primer paso para que el entorno y quienes la rodean ejerzan toda clase de maltratos.

El maltrato no sólo se refiere a la violencia o agresión física del hombre hacia la mujer, sino también al maltrato psicológico que constituye una especie de tortura mental. Ambas formas de agresión, la física y la psicológica, aún se observan en la actualidad. La violencia sexual se encuentra incluida con mucha frecuencia en las dos áreas.

El derecho consuetudinario del Valle de Beauvais, hacia el siglo XIV, rezaba: "está bien que el hombre pegue a su mujer sin maltratarla y sin herirla, cuando desobedece al marido". O el de Burdeos: "Que un marido en un acceso de cólera mate a su mujer, no sufrirá pena siempre y cuando se confiese arrepentido mediante un juramento solemne". O el del Valle de Berreges: "Todo señor y jefe de familia puede castigar a la mujer sin que nadie pueda interponerse".

La violencia contra la mujer no tiene fronteras y es más grave de lo que sospechamos.

Los apaleamientos y asesinatos de mujeres constituyen, en una declaración de Naciones Unidas, "el crimen encubierto más numeroso del mundo". Las leyes que *regulan* el castigo de la esposa por el marido en los países islámicos y los códigos penales de países avanzados, apenas castigan el maltrato de las mujeres y niños siempre que éstos estén ligados por relaciones familiares con el agresor. La impunidad resulta ser una constante en muchos de estos casos.

La pornografía y la prostitución han alcanzado un enorme auge en la última década prácticamente en todos los países del mundo. En Italia en 1980, a modo de ejemplo, se estimaba la prostitución como el segundo negocio del país después de la compañía *Fiat*. El turismo sexual en los países asiáticos sigue floreciente y las niñas venden su virginidad por unos cuantos dólares, con el propósito de ayudar a los ingresos de sus familias.

Las hindúes son asesinadas por el marido para hacerse de una esposa y una dote más, las viudas siguen siendo quemadas en la pira del marido. A pesar de la repetida legislación antidote en la India (la más reciente es la de 1961), esta transacción continúa muy extendida, está creciendo en intensidad comercial y ha adquirido proporciones de tal violencia que fue necesaria la intervención del Primer Ministro y una nueva legislación más dura. El informe de 1975 de la Comisión de la India sobre la Situación de la Mujer estableció que lo de la dote es uno de los problemas más graves de los que afectan a la mujer en todo el país. Sin embargo en 1980-1981 fueron denunciados, solamente en Nueva Delhi, 394 casos de esposas quemadas vivas. Los grupos de mujeres de la India denuncian que la policía registra tan sólo uno de cada cien asesinatos por dote.[16]

En Teherán, el 9 de marzo de 1991, 165 mujeres fueron azotadas en público, y encarceladas de un mes hasta dos años, por no llevar correctamente el velo islámico. Los matrimonios de niños aún persisten aunque en muchos países hayan sido prohibidos por la ley. En Nepal, en 1971, el 13.36 por ciento de las mujeres en edades comprendidas desde los 10 a los 14

---

[16] MORGAN, Robin y Falcón, Lidia, *op. cit.* (pp. 25-26)

años ya estaban casadas (y el 2.33 por ciento de las mujeres en edades entre 6 y 9 años).[17]

En Japón, el índice de suicidio de las mujeres ancianas es el más alto de todos los países, porque la sociedad aísla a las viudas y las considera como algo inútil. En el Punjab rural todavía se mantiene la costumbre de dar a la mujer en matrimonio al marido de la hermana mayor que ya ha fallecido. En zonas de China, México e Italia, aún permanece la tradición de raptar a la novia.

Se supone que la violencia intraconyugal es más frecuente en los países tercermundistas y subdesarrollados. En muchos países del África y parte del Asia persiste la infibulación[18], lo que hace presente que en el mundo, ya para finalizar el siglo XX, aún existen formas verdaderamente salvajes de agresión hacia la mujer.

Acusada de cometer adulterio, Zelykhah Kadkhoda, una iraní de 20 años, fue detenida y condenada a la pena capital por lapidación, según un informe de la Organización de Derechos Humanos y Amnistía Internacional. De acuerdo a la ley de esa nación, la joven fue enterrada hasta el pecho y ejecutada el mismo día. Aunque los médicos certificaron su muerte, Zelykhah comenzó a respirar de nuevo en el depósito de cadáveres. Desde entonces, la muchacha se encuentra en un hospital a la espera de volver a ser ejecutada.

Existen publicaciones e investigaciones que hablan de lo que sucede en países musulmanes. Se considera que los 500 millones de mujeres que allí existen, sufren diversas formas de violencia. Para la década del 90, en estos países aún no se permite conducir vehículos a las mujeres, como tampoco elegir libremente al futuro esposo ni viajar sin permiso del varón más allegado.

---

[17] MORGAN, Robin y FALCÓN, Lidia, *op. cit.* (pp.55).
[18] Acto de colocar un anillo u otro obstáculo en las partes genitales para impedir el coito.

A escala mundial, hasta 1994 en la pirámide demográfica había un *hueco* de más de cien millones de mujeres, sobre todo chinas, hindúes y pakistaníes. La eliminación de las recién nacidas y la altísima mortalidad infantil (provocada) en los cinco primeros años de vida explicaban ese faltante, que supera en mucho a todos los muertos de la Segunda Guerra Mundial.

Son varios los países sajones en los que la mujer que contrae matrimonio pierde su apellido y aun su nombre. En muchos núcleos sociales latinos se conserva la costumbre de que la mujer al casarse pierde su propio apellido y luego de su nombre agrega el "*de*" que va seguido entonces del apellido del esposo.

Si en una familia sólo hay hijas, el apellido del padre se va perdiendo, lo cual en muchos núcleos se ve como una desgracia y de allí viene el inmenso deseo de que haya hijos varones, en especial el primogénito.

La violencia conyugal contra la mujer se encuentra especialmente en la relación de poder. Es decir, un hombre que se violenta contra su compañera para demostrar su mayor poder, tomando como disculpa que ella no cumple con las misiones que le han sido encomendadas, como son las labores domésticas, en especial las que se refieren a la cocina, el cuidado de los hijos y la disponibilidad sexual. La ira contra las esposas por la mayor libertad que éstas tienen ahora, es una forma más de este tipo de violencia.

Uno de los problemas más comunes, aunque poco estudiados en la relación de pareja que se maltrata física y psicológicamente, es el caso de los hombres que odian a las mujeres y las mujeres que siguen amándolos. Al hombre se le denomina misógino: de *miso*, que significa odiar, y de *gyné*, que significa mujer.

El misógino se violenta con el dolor de su compañera porque lo hace sentir amenazado. De la misma forma, la mujer tiene un poco de masoquista puesto que del sometimiento a su compañero tampoco obtiene ningún placer sexual o emocional: en cambio, la situación la lesiona gravemente.

El misógino no siente remordimiento alguno por sus acciones y ella encontrará, cada vez con más frecuencia, explicaciones a su inadecuado comportamiento.

Con una sola vez que ella acepte ser agredida en su autoestima, quedará enganchada en una relación dependiente o adictiva, de la cual será muy difícil salirse, porque se ha logrado culpabilizarla y hacerla dudar de su propio sentir. Una mujer comentaba:"En la medida en que me trataba de egoísta y desconsiderada, más me esforzaba por demostrarle que eso no era cierto. Como si su descalificación produjera en mí una profunda dependencia en la que sólo su interpretación era valiosa y lo que yo pensara o dijera no contaba para nada. Cuando nos casamos yo era una persona alegre y enérgica, diez años después me sentía insegura y triste, sin poder enfrentar en forma directa los sentimientos que me producía la relación". Lo grave es que la mujer no cuestione ni enfrente la conducta que la lastima.[19]

Él siempre tiene que ganar y ella debe perder. Este desequilibrio de poderes es el tema principal de la relación. Las relaciones sexuales sólo se darán cuando él quiera y de acuerdo con sus necesidades. Si la pareja tuvo una discusión él puede castigarla durante largos periodos de tiempo sin afecto, ni sexo.

Muchos episodios de violencia intraconyugal se asocian a la defensa que la mujer hace de sus hijos, en especial cuando ella siente que el padre abusa de su poder y los castiga o reprime injustamente.

Los hombres que golpean a sus mujeres tienen un mal concepto de sí mismos y, por lo tanto, reaccionan con hostilidad cuando su masculinidad y su autoridad se ponen en duda. A su vez, las mujeres que son objeto del maltrato físico presentan una baja autoestima y tienen dificultad para hacer valer sus derechos.

---

[19] ROJAS, Nelly, op. cit., (p. 188).

El temor es un común denominador de las mujeres que se dejan golpear. En las circunstancias en que se han visto sujetas a repetidos abusos, el miedo las paraliza y rige sus actos, sus decisiones y sus vidas. No tratan de cambiar la situación mediante la denuncia o la búsqueda de apoyo: piensan que no volverá a suceder.

Los abusadores siempre buscan una justificación para atropellar a las mujeres que dicen amar:"Estaba borracho y no pude controlarme". "He tenido mucha presión de trabajo últimamente". "Si cambiaras, yo no te pegaría". Al unir todas esas excusas aceptadas por la sociedad, con la naturaleza *intermitente* de la violencia, las mujeres pueden pensar: "Si yo cambiara, quizás él no me pegaría", o "quizá cuando termine este proyecto será menos violento".

En ciertas regiones campesinas de México cuando la mujer da a luz a una hija es severamente golpeada porque no fue capaz de tener un hijo varón, sin importar que el hombre es el que determina el sexo de quien se concibe en el vientre de la madre.

La violencia no es exclusiva del subdesarrollo. En los Estados Unidos la violencia conyugal desde hace décadas constituye la principal causa de heridas en las mujeres. Se estima que cada año 1,500 mujeres en ese país son asesinadas por el marido o por el compañero actual o pasado.

En la cultura europea, la violencia familiar afecta a cuatro millones de mujeres cada año, y el 87 por ciento de la violencia se refiere a la forma intrafamiliar.

Las sanciones de la sociedad son doblemente enérgicas con la mujer. Es increíble que en casos de violación se siga acusando a la mujer de ser provocadora y, por lo tanto, culpable de la vejación:"tú te lo buscaste...". Sin mencionar que en muchos países en términos jurídicos hay una desprotección a las víctimas del delito, así como una falta de reconocimiento a la dignidad de la afectada.

Muchas veces refinada, cínica, irónica, la violencia psicológica representa una mortificación constante para la mujer, a quien se le formulan reiterativos mensajes negativos en forma de alusiones y frases estereotipadas, que hieren su situación de mujer, esposa y compañera sexual.

Este tipo de violencia es frecuente y consiste en descalificar permanentemente a la mujer, por el simple hecho de serlo. Esta clase de torturas no respeta edad ni condición económica. Frases como: "eres una inútil", "no sirves para nada", "nunca puedes hacer las cosas bien", "eres una cualquiera porque sólo ellas viajan solas", "tenías que ser tú", "eres la culpable de los errores de nuestros hijos", "desde que te fuiste a trabajar, todo está mal ", "ya no te quiero por gorda".

Entonces la mujer, acostumbrada a ceder, termina por aceptar los ataques físicos y verbales de su compañero, las expresiones de desprecio y los reproches exagerados. Cuando hay castigo físico, el hombre suele utilizar los puños; si el castigo es psicológico emplea las palabras. Las agresiones verbales pueden amedrentar a una persona tanto como la violencia física. Muchos no recurren a la intimidación o a los gritos sino a la descalificación permanente de la mujer. Se trata, dice Susan Forward: "...de un tipo de abuso psicológico especialmente insidioso, porque con frecuencia adopta el disfraz de un intento de enseñar a mejorar a la mujer".[20]

Los caminos para lastimar son incontables y conforme la mujer se integra al trabajo fuera de casa se están dando fenómenos diversos. O la pareja se convierte en su socio más importante, que es lo menos frecuente, o adopta una posición de comodidad y confort esperando a que su mujer resuelva todos los aspectos de la vida familiar y prácticamente lo mantenga junto con el resto de la familia; o se convierte en un juez implacable que revela sentimientos de inseguridad y miedo, y tortura de mil maneras a su pareja; o bien termina buscando nuevos caminos y la relación de pareja se destruye. Los chinos dicen que las mujeres sostienen la mitad del

---

[20] FORWARD, Susan, 1989, *Cuando el amor es odio*, (Edit. Grijalbo, p. 36, México).

cielo. Pues en la actualidad, hay mujeres que sostienen el cielo entero y hasta uno que otro marido.

Hay muchos otros casos donde la vida se enfrenta sin una pareja, y cada día aumentan más los casos de madres solteras y mujeres sobre las cuales las presiones se multiplican y la sociedad ejerce todavía castigo y reprobación.

Una manera de lastimar la dignidad de la mujer es cuando ella se considera a sí misma un objeto, o es tratada como tal.

El notable historiador francés Georges Duby, asienta: "Para ellos (los hombres), la mujer es ante todo un objeto. Los hombres le dan, la cogen, la tiran. Forma parte de sus haberes, de sus bienes muebles. O, para afirmar su propia gloria, la exponen a su lado, pomposamente ataviada como una de las piezas más hermosas de su tesoro, o la ocultan en el rincón más profundo de su morada y, si tienen que sacarla de ahí, la disimulan bajo las cortinas de la litera, bajo el velo, bajo el manto, porque importa ocultarla a la vista de los demás hombres que bien podrían intentar apoderarse de ella. De este modo existe un espacio cerrado reservado a las mujeres, estrechamente controlado por el poder masculino".[21]

A lo anterior se suma el hecho de que la educación formal suele ser, para la mujer, inferior en intensidad y en duración en relación con la de los hombres. Esto ocurre con mucha frecuencia tanto en zonas rurales como en las urbanas.

La mujer puede estudiar o trabajar, pero no le es permitido dejar a un lado las tareas que la sociedad y las costumbres le exigen. La madre que trabaja ocho o más horas en el día tiene que dedicar otras horas al cuidado del hogar, a la cocina, a la ropa y a los niños. A esto se agrega a menudo que el hombre tiene una dependencia en cierta forma filial respecto a su compañera, pero con una respuesta que hace mutua esta dependencia, pues la mujer fue educada como someti-

---

[21] DUBY, Georges, 1995, Año 1000, al año 2000. *La huella de nuestros miedos.* (Ed. Andrés Bello, p. 58, Santiago de Chile).

da, como limitada, como necesitada de un complemento que ella busca en el hombre, quien responde con esa dependencia filial. Esta manera de inter-relacionarse hace que se limiten mutuamente y pueden llegar a una especie de simbiosis, palabra que en la naturaleza designa a aquellos seres que no pueden vivir el uno sin el otro por fenómenos de intercambio fisiológico. Puede suceder con las plantas o con los animales.

Todo apunta a que el primer paso contra la violencia familiar radica en la capacidad que tengamos de amarnos y respetarnos a nosotras mismas, porque aquello de "malo, malo con Juan; peor, peor sin Juan" lo ha hecho vida más de una mujer, y cuando así sucede, las posibilidades de superar esta problemática se reducen dramáticamente.

10
Familia a contracorriente

La familia no es una ideología, porque no es una teoría, ni una idea, ni una forma de vida sociológica, no es un medio para alcanzar el fin de la sociedad estable o de una patria sana... no es comer juntos en cena cocinada a solas y no es dormir juntos en mutua seguridad... o quizá es todo esto y mucho más. La familia es una realización cotidiana que se lleva a cabo en todos los aspectos del ser humano, que sirve a todos los aspectos del ser humano.

JEANNE HERSCH

P OR TODOS lados oímos hablar de crisis y ciertamente la estamos enfrentando y padeciendo en casi todos los órdenes de nuestra vida. Hablar de economía, política, seguridad, democracia es sinónimo de caos e incertidumbre, de transformaciones profundas y de muchas preguntas sin respuesta. Pero sin duda, la más preocupante de todas ellas es la crisis de valores[22] que hoy vivimos. El valor de la palabra en muchas comunidades es historia y pasaje en las narraciones de nuestros abuelos. La honestidad se ha convertido en un bien

---

[22] "Un valor significa literalmente algo que tiene un precio, que es precioso, que vale la pena y por lo que el hombre está dispuesto a sufrir y sacrificarse, ya que le da razón para vivir y si es necesario aun para morir. De ahí que los valores otorguen a la existencia humana la dimensión del sentido. Los valores proporcionan motivos. Identifican a la persona, le dan rostro, nombre y carácter propios.
"Los valores son algo fundamental para la vida personal puesto que definen la calidad de la existencia, su anchura y profundidad. Los valores no son cosas, ni elementos de cosas, sino propiedades. La mente y el corazón están comprometidos y se da, por lo tanto, el compromiso de toda persona". Según BALLINA, Jorge, 1993. *Educar en los valores: una reflexión en torno a la arquitectura. (Centro de Integración Universitaria, pp. 8-9, México).*

escaso, al igual que la generosidad, el servicio, la prudencia, la solidaridad y la verdad, por mencionar sólo unos cuantos.

Algunas de las explicaciones pueden encontrarse en que vivimos en una sociedad permisiva, de ahí que algunos hayan calificado en este movimiento como una sociedad *light*, en la que los compromisos pueden romperse con facilidad y en la que nadie parece hacerse cargo de las consecuencias de sus actos, o por lo menos no son un factor decisivo para actuar de tal o cuál manera.

El lenguaje revela a la sociedad actual, pues los calificativos que hoy se emplean son menos rudos, así por ejemplo ya no se dice *"se robó"* sino *se compensó*. En lugar de afirmar que hubo difamación se comenta que fue una crítica constructiva, a lo pornográfico se le llama artístico, a los actos de corrupción se les califica como desviaciones y, según me comenta un empresario, a las amantes se les dice *detallito* para que se oiga más elegante y discreto. Algunas mujeres califican a sus *amiguitos* como *pendiente*, de ahí que pregunten con insistencia al marido: "¿Vienes a dormir esta noche?, para no quedarme con el pendiente."

La crisis de la persona encabeza la lista de los retos a enfrentar. Nunca como ahora habíamos tenido tanta información, tanta tecnología y tantas posibilidades de acercarnos. Sin embargo, nunca como ahora se había enfrentado el mundo a tanta soledad y carencias de afecto.

La violencia y los altos niveles de impunidad con los que convivimos a diario, sólo son la punta de un iceberg en donde se desprecia el valor por la vida y la dignidad del otro. Los sucesos cotidianos asustan y se escuchan expresiones tales como: "¡Los jóvenes de hoy están terribles!, ¡El mundo se está volviendo loco!", "¡Ya no hay moral!", pero los jóvenes de hoy tienen familias de hoy y padres de hoy, y es ahí finalmente donde habrá que buscar las causas de lo que hoy vivimos y de lo que en el futuro queremos construir como sociedad.

En nuestras sociedades estamos sedientos de verdad. De integridad de vida, que es vivir como se habla; de veracidad, que es decir lo que se piensa; y de credibilidad, que es cumplir lo que se promete. Por ello una mujer dependiente y miedosa poco ayuda a la construcción de una familia exitosa.

La economía del amor está en crisis, hoy padecemos de mezquindad de afecto y al hambre física se suma el hambre de amor.

"Tú me debes cuidar hoy… Porque la semana pasada yo te cuidé a ti"

"Yo me acuesto contigo… si tú te casas conmigo".

Roberto Fulghum nos comparte una bellísima reflexión:

Todo lo que necesito saber para vivir, cómo hacer y cómo ser, lo aprendí en el jardín de niños. La sabiduría no se encuentra al final de la maestría universitaria, sino en la pila de arena de la escuela.

Esto es lo que aprendí:

Comparte todo.
Juega limpio.
No golpees a las personas.
Pon las cosas donde las encontraste.
Limpia tu tiradero.
No tomes lo que no te pertenece.
Pide perdón cuando hieras a alguien.
Lávate las manos antes de comer.
Pan caliente y leche fría son buenos para ti.

Vive una vida equilibrada y:
Aprende algo.
Piensa algo.
Y dibuja.
Y pinta.
Y canta.
Y baila.
Y juega.
Y trabaja cada día un poco.
Duerme una siesta por las tardes.

Cuando salgas al mundo, pon
 atención, tómate de las manos y
permanece unido.
¡Maravíllate!

Toma cualquiera de estos puntos y aplícalos al sofisticado mundo de los adultos y a tu vida familiar, a tu trabajo, al gobierno y al mundo, y verás que sostiene la verdad clara y firme.

¡Piensa qué clase de mundo tendríamos si todas las personas se comportaran así![23]

Irrepetiblemente en la familia la persona tiene la seguridad de ser aceptada y amada por lo que es. Habrá familias concretas felices, unidas, satisfechas, en desarrollo y habrá familias concretas en crisis, disgustadas e insatisfechas. No por ello podremos decir que la familia está en crisis. Hay muchas familias en crisis porque los miembros no han descubierto las posibilidades de la institución familiar, y tampoco quieren pensar en la finalidad de sus vidas. Pero también hay muchas familias unidas y alegres.[24]

La oficina de casos de los Estados Unidos informa que para 1990, cerca de tres millones de niños vivían con sus abuelos, ¡lo cual venía a representar un incremento del 40 por ciento en relación con lo que sucedió en la década anterior! Esta misma situación se plantea cada vez más en hogares de América Latina.

Los diferentes roles que hoy desarrolla la mujer demandan una nueva conformación de la familia tradicional, con parejas colaboradoras, en donde se trabaje en equipo y las cargas y responsabilidades sean compartidas. En gran medida esto dependerá también de las mujeres, que nos quejamos amargamente de los machos y los seguimos recreando en casa, como aquella suegra que dice estar encantada con

---

[23] FULGHUM, Roberto, 1993, *Todo lo que necesito saber, lo aprendí en el jardín de niños.* (Edit. Ballantine, ed. 39, pp. 4-6, Canadá).
[24] ISAACS, David, 1083, *La educación de las virtudes humanas,* (Edit. MiNos, pp. 30-35, México).

su yerno porque ayuda a su hija, cuida a los bebés, los lleva a pasear, colabora en la cocina cuando está en casa, pero eso sí, detesta a su nuera porque pone a su hijito adorado a colaborar con ella en las tareas del hogar.

De la misma manera que hoy en día ya no es monopolio del hombre ganar el sustento, no debe ser la mujer la única que lleve el peso de la responsabilidad en el hogar. Me refiero aquí a algo más que una ayuda ocasional en la cocina. Se trata de un acto interior de solidaridad por parte del esposo con la mujer.[25]

En nuestros países la familia ha sido un valor de primer orden y habrá que hacer todo lo que esté a nuestro alcance para ser capaces de formar familias exitosas, en las cuales se viva la experiencia del amor.

Familias más fuertes seguirán siendo la base de sociedades más sanas y felices. En un entorno donde muchas mujeres están solas para sostener y construir un hogar, deberán redoblarse los esfuerzos tanto en el orden familiar, como social y legal.

Colocarnos en posiciones extremas que acusan a la mujer que trabaja de las desgracias familiares no sólo es injusto, sino irreal, o ubicarnos en el extremo de ver a los hijos como un estorbo para los logros personales, nos llevaría a una situación de egoísmo extremo. Bajo las condiciones actuales debemos replantearnos nuestro papel en la familia y trabajar todos porque siga siendo el eje de la sociedad y el espacio en donde aprendamos a amarnos y a compartir con otros. Se trata de reflexionar de nuevo, todos juntos, en cómo se podría vivir sensatamente la diversidad, dando por sentado que existen muchos puntos en común.

Cuando Emma Godoy afirmaba "que las manos que mecen las cunas, son las manos que mueven al mundo", la razón sin duda, le asistía, pues la madre de familia es la que hace del hogar un centro de amor, y el hogar está allí donde

---

[25] BURGGRAF, Jutta, 1998, *Istmo, op. cit.* (p. 49)

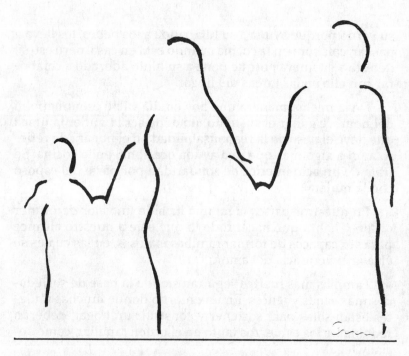

está la madre. En estos últimos años no sólo se ha descalificado a la mujer que labora fuera del hogar, también se ha satanizado a aquellas mujeres cuya vocación es permanecer en su hogar y dedicar la mayor parte de su tiempo a su familia. Cuando en ocasiones diversas mujeres me han cuestionado sobre si lo mejor es quedarse en casa o comprometerse también con un trabajo fuera, siempre contesto que para mí lo mejor es actuar conforme a nuestra vocación, porque al final cada elección tiene sus propios costos y debemos estar preparadas para asumirlos. Una mujer que elige permanecer en casa es tan digna y admirable como aquella que se desarrolla también en otros ámbitos. El reto, desde mi punto de vista, es cobrar conciencia de nuestras decisiones, porque lo único que no se vale es andar arrastrando la vida.

Una elección consciente y libre, implica no sólo compromiso sino también el vivir con alegría nuestra opción. Revalorar cada uno de nuestros papeles es fundamental para lograr la armonía y hacer posible que las diferencias entre nosotras nos permitan estar en todas partes y lograr la felicidad conforme a las aspiraciones de cada cual. El valor de la mujer en la familia es supremo. El siguiente testimonio da cuenta de ello:

...En cierta oportunidad recogí a un niño y lo llevé a nuestro Hogar Infantil, lo bañé, le di ropas limpias y alimentos, pero al cabo de un día, el niño se escapó. Alguien lo encontró y lo trajo nuevamente a nuestras Hermanas: por favor, si huye de nuevo, sigue a este niño, no lo pierdas de vista hasta saber a dónde va cuando se escapa". Y el niño escapó por tercera vez. Bajo un árbol estaba la madre. Había colocado dos piedras debajo de una cazuela de barro y estaba cocinando algo que había recogido de la basura. La hermana preguntó al niño: "¿por qué te escapaste del hogar?" Y el niño respondió: "¡pero si mi hogar está aquí, porque aquí está mi madre!" Sí, allí estaba su madre y allí estaba su hogar.[26]

Ni hay soluciones hechas para la organización individual de la vida familiar cotidiana, ni es apropiado juzgar desde fuera sobre una situación concreta. No se puede exigir lo mismo a todas las personas.

Debemos reflexionar sobre aquellos comportamientos y enseñanzas que nos han lastimado en nuestras vidas, para no reproducirlos; porque, como lo señala un filósofo, *o lo recordamos para no repetirlo, o lo repetimos para no recordarlo.*

Consciente o inconscientemente, enseñamos a nuestros hijos los mismos patrones que nos lastiman. A buscar los elogios por fuera para sentirse valiosos, a que las niñas y los niños deben comportarse de tal o cual forma y hay tareas que les son prohibidas, como jugar con un coche o entrar a la cocina a prepararse un guisado.

Urge cobrar conciencia de que todo lo que hagas por otro, ése lo dejará de hacer por sí mismo y en múltiples casos,

---

[26] Madre Teresa de Calcuta, *Amor, un fruto maduro.* (Edit. Atlántida 1997, p. 38, Canadá).

escudadas en el amor, convertimos nuestros hogares en una excelente fábrica de inútiles.

Edgar Mason, un entrañable amigo, sostenía que se educa bajo premisas equivocadas a los hijos: la sobreprotección y el miedo. Terminamos con hijos dependientes e inseguros, incapaces de construir alas fuertes y raíces profundas.

Hay actos por amor, pero muchos otros propician la invalidez mental y afectiva de los otros. Pasar el salero cuando el otro lo tiene enfrente, resolver todo lo de los demás aun en los detalles más insignificantes, en nada colabora al éxito de quienes amamos. Muchas mamás se han convertido en choferes de sus hijos, aun cuando superan los 30 años de edad, y es curioso observar los diálogos en las puertas de los colegios: "...fíjate que hoy no puedo salir, porque mañana tengo examen de matemáticas...", refiriéndose a su hijo de primer año de primaria, y al día siguiente llegan preguntando al resto de las mamás: "¿cómo te fue?, ¿cuánto te sacaste?". Es como aquella mamá que dice:

— M´hijito, ya levántate porque debes ir a la escuela.

— No mamá, no quiero ir.

— Debes ir por tres razones: la primera, porque es tu obligación; la segunda, porque ya tienes 40 años y la tercera, porque eres el director.

El rector de un prestigiado Tecnológico en México asegura que los padres que no exponen a sus hijos al sufrimiento los traicionan, entendiendo por sufrimiento el dejarlos esforzarse por ser, hacer y tener. A quien todo se le da, todo se le quita.

En un proteccionismo equivocado vamos formando peleles y timoratos, seres débiles para afrontar y vivir la vida. Bajo la premisa de "se trauman" en muchos hogares los niños se convierten en amos absolutos y con escasos cuatro o cinco años gobiernan la familia y la vida de sus padres que por lo menos les quintuplican la edad. He encontrado a muchos abuelitos que dan fe de esta situación y expresan al respecto: "me da mucho gusto cuando mis nietos vienen, pero me da más gusto cuando se van". Y así los monstruitos rompen, toman, brincan, van y vienen, haciendo girar a su alrededor el mundo entero.

Conforme van creciendo se sienten merecedores de todo y todo es poco. No es casual encontrar empresas familiares que han fracasado por quedar en manos de *juniors* inconscientes e incapaces de vivir el afán de logro y el sacrificio.

Podéis darles vuestro amor, pero no
vuestros pensamientos; porque ellos
tienen sus propios pensamientos.
Podéis alojar sus cuerpos, pero no sus
almas, porque sus almas habitan la
casa del mañana, que vosotros no podéis
visitar, ni siquiera en sueños.
Podéis tratar de haceros iguales a ellos
pero no pretendáis hacerlos a ellos
iguales a vosotros.
Porque la vida no marcha hacia atrás ni se
queda en el ayer.
Sois los arcos desde los cuales vuestros
hijos, como saetas vivas, se disparan
adelante.

Kahlil Gibrán[27]

El dar ejemplo está siendo uno de los grandes ausentes en la vida familiar. No podemos decir a nuestro hijo que copiar en los exámenes es incorrecto cuando yo me comporto de modo corrupto y deshonesto. Tenemos que ser dueños de nuestros instintos, *so pena* de que ellos se adueñen de nosotros. Ésta es una de las distinciones primordiales entre el animal y el ser humano: que éste último es capaz de dominar sus pasiones, a la inversa de lo que sucede con los animales.

Servir a otros por amor genuino es válido y por demás necesario, pero en muchísimos casos, en que la señora debe tener el traje listo, los zapatos boleados e inclusive tallarle la espalda y rociarle con talco los pies a su pareja porque es su

---

[27] EYRE, Linda y Richard, *op. cit.* (p. 125).

obligación, se provocan relaciones casi de esclavitud. Me imagino que cuando lean estos párrafos pensarán que es una exageración, pero desafortunadamente no es así. Todavía conozco mujeres que tiemblan cuando llega el marido y la comida aún no está terminada, y he visto a madres cansadas de todo un día de labor, ser levantadas por sus hijos —léase mayor de 25 o 30 años— para que les sirvan de comer porque es la obligación de ella y de nadie más.

Tratando de dar todo lo que no tuvimos, dejamos de dar mucho de lo que sí tuvimos, como trabajo, esfuerzo, sacrificio y hambre de triunfo. Son frecuentes los casos de niños aburridos y cansados de vivir cuando apenas tienen 10 o 12 años de edad. Ni los sofisticados juguetes, ni la tecnología, ni las variadas actividades que realizan son suficientes para evitarles el hastío.

Una sociedad cuya máxima filosófica es eliminar toda incomodidad en el orden material y toda inhibición en el orden del comportamiento, no puede engendrar personalidades con un carácter fuerte, sino lo contrario. Los hijos de esta sociedad del bienestar tenemos el alma muy débil y frágil, porque no estamos acostumbrados a soportar carencias ni tampoco a vencernos. No puede esperarse mucha altura moral de quienes se rigen por la ley del mínimo esfuerzo, pero esa ley nos la ha inculcado, en principios y en práctica, la sociedad del bienestar en la que estamos instalados.[28]

Antes de aprender, por ejemplo, el valor incalculable de la vida de cada ser humano, los pequeños se empapan diariamente —desde la comodidad de sus hogares— del placer de matar, del éxtasis de vaciar una ametralladora, la contundencia de un golpe mortal en la garganta, la refinada emoción de un asesinato perfecto.

Uno de los mayores conflictos que enfrentamos es que hemos divorciado el mundo familiar del mundo del trabajo y el reconocimiento. Así, mientras en la familia me comporto

---

[28] RIERA, Isaac, 1998, *Istmo*, op. cit. (p. 34, México).

de un modo amable y solidario, saliendo de la casa el propósito es acabar con los otros al precio y con los medios que sean.

Francesco Alberoni señala que: "...nuestros yoes están separados. Esta moral de rol, esta moralidad fragmentada, esta separación entre los ámbitos de lo privado y lo público, entre la familia y la ideología, este YO DIVIDIDO, es lo que ha permitido todos los horrores del siglo XX y, quizá, todos los horrores de la historia".

Hay otros que funcionan a la inversa, fuera de la casa todo es miel sobre hojuelas y para los más cercanos reservan su maltrato y el desamor.

Un acto de amor es "no poner almohadas", es decir, permitir que cada quien enfrente su realidad y viva las consecuencias de sus elecciones. En un taller de adicciones para jóvenes en la ciudad de México escuché el testimonio de una jovencita menor de 20 años y de un muchacho que no rebasaba el cuarto de siglo. Ambas historias fueron *estrujantes*, pero nunca olvidaré la del joven, porque explicaba que vivía en una familia maravillosa, de padres unidos y hermanas amorosas. Sin embargo, él cayó en las drogas desde los doce años de edad y relataba que tardó muchos años *en tocar fondo* porque su madre le iba poniendo almohadas en la caída, es decir, lo protegía, le ayudaba a esconder el vicio para evitar las sanciones del papá y de la familia cercana, corría con él al hospital si era necesario, hasta que llegó el día en que lo expulsó de casa y fue entonces, cuando con toda crudeza vivió las consecuencias de sus actos, y cuando ya no podía más con el dolor, ni la soledad, ni el sufrimiento, fue que empezó el camino de su recuperación.

Si una persona amada llega borracha a casa y se queda dormida sobre el césped de la entrada, lo más amoroso y bondadoso que puede hacerse por esa persona es dejarla allí.

La mejor definición de matrimonio que he encontrado es aquella que establece que un matrimonio es de tres:

Tú, con todo lo que eres, sientes, amas, anhelas.

Yo, con todo mi ser y sentir

Nosotros, con un proyecto de vida en común.

En este tipo de relaciones:
    "yo" puedo ser "yo",
    "tú" puedes ser "tú" y
    "nosotros" podemos ser "nosotros".

Es así que le damos al otro la misma libertad que nosotros queremos tener y lo aceptamos tal cual es. No utilizamos nuestro amor para cambiarlo, sino para afirmarlo.

La verdadera relación de la pareja comienza cuando se desvanecen las ilusiones, cuando las expectativas se vuelven más reales y cuando se aprende que las propias necesidades no tienen por qué ser satisfechas en forma incondicional por el otro. Además, todas las actitudes del compañero que antes agradaban se pueden tornar molestas por el simple hecho de la permanencia.[29]

Suele encontrarse parejas en las cuales, en público, la mujer es la niña y el hombre es el adulto. El hombre toma las decisiones, lidia con el mundo externo, gana el dinero y decide cómo se gasta. La mujer depende del hombre.

En lo privado los roles se cambian. El hombre es el niño y la mujer es el adulto. Ella prepara la comida y la sirve, revisa lo que usa para vestirse, llena sus necesidades sexuales, se encarga de las necesidades sociales, lo protege de sus propios hijos cuando él necesita silencio. Él depende física y emocionalmente de ella. Ambos creen que no pueden vivir uno sin el otro. Sin embargo, la intimidad no implica mantenernos cercanísimos, o cara a cara, sino más bien, lado a lado; es decir, compartir valores espirituales, creencias, ver, mirar y disfrutar el mundo que nos rodea. La intimidad no es algo que se logre instantáneamente, se construye con el tiempo y al caminar uno junto al otro. Cuando tienes intimidad verda-

---

[29] ROJAS, Nelly, *op. cit.* (p. 17).

dera puedes estar lejos físicamente y sin embargo no sentirte aislada. Puedes tener intimidad sin querer controlar y poseer al otro.

Podremos contestar entonces: ¿Cuál es la mejor manera de conservar mi propia estima y, por amor, ayudar al otro al mismo tiempo?

Diez mandamientos
para la educacion de los hijos:[30]

No decidas por ellos.[31]

No hagas lo que ellos pueden hacer.

Da ejemplo de lo que pregonas.

Pon límites de acuerdo a cada uno.

Dialoga, siempre dialoga.

Pregunta, no respondas.

Vive con ellos y no sobre ellos.

No sólo les des cosas.[32]

Integra y vencerás.

Evita preferencias y prejuicios.

---

[30] RUGARCÍA, Armando, 1997, "Fuego para el propio conocimiento: Diez Mandamientos para la educación de los hijos", (Universidad Iberoamericana, pp. 98-109, México).

[31] "Este rasgo educativo se desarrolla al dejar que ellos mismos, desde niños, tomen sus decisiones, pero no al estilo norteamericano".

[32] "El sólo darles a los hijos el dinero o las cosas es lo equivalente a renunciar a la tarea de educarlos".

11
Cuando los hijos se van...

Cuando tu bailas,
baila todo el universo.

JALALUDIN RUMI

EL CULTO a la juventud es tal en nuestra sociedad que envejecer resulta una experiencia terrible para muchas mujeres, algunas se resisten a aceptarlo e invierten tiempo y dinero para lograr una figura y apariencia que no delate su edad. Otras más eligen el camino de la soledad y algunas otras disfrutan plenamente de sus *años dorados*, pero suelen ser las menos.

Es frecuente que cuando los hijos se van de la casa para estudiar o formar sus propias familias, muchas mujeres entren en una *depresión* profunda, llegando a crisis severas, porque el centro de su vida giraba en vivir *a través de ellos* y ahora sienten que ya no son necesarias como antes. Un sentimiento de vacío y soledad se apodera de sus vidas.

Ahora esas mujeres, en especial quienes no trabajan por fuera del hogar o no se han realizado en el campo profesional, se enfrentan a un progresivo vacío. Las labores hogareñas no requieren su constante presencia. El marido está muy ocupado en el trabajo y posiblemente tenga relaciones extramaritales; los hijos la buscan cada vez menos y todo esto trae una serie de variaciones en la rutina que pueden producir, desde una sensación de aburrimiento y de hastío, hasta verdaderas depresiones que han sido tratadas algunas veces con drogas psiquiátricas.

Debe agregarse que la edad de estas mujeres puede coincidir con la menopausia, a la cual ellas —y no muy pocas veces sus maridos— responsabilizan de sus actos.

Algunas esperan que esta sea una época de enfermedad, invalidez, incomodidad, aflicción y dependencia de los demás, que va en aumento. Añoran y se lamentan de sus años de juventud y fecundidad. Sienten que han perdido a sus hijos, que no tienen un propósito en la vida y ninguna esperanza, excepto la decadencia y la muerte. Otras, no obstante, disfrutan la liberación de su papel biológico y se sienten completamente realizadas. Éstas continúan o renuevan su carrera con mayor vigor y sus sentimientos maternales quedan bien satisfechos al convertirse en abuelas.

Resulta importante recordar que la vida no acaba a los 50 años o cuando los hijos son mayores, o cuando éstos se van, aunque habría que apuntar la frecuencia con que se da que las hijas, al día siguiente de haber contraído matrimonio, regresan a la casa materna para no salir de ella, pase lo que pase. Hay hijas casadas que suelen vivir más tiempo en casa de su mamá que en la propia, de ahí que algunas madres suelen decir: "cuando quieras tener a tu hija todo el tiempo, cásala y lo conseguirás". La juventud en sí misma no es un mérito. Todo ser humano que nace, necesariamente será joven, y aquí no termina el sentido de la vida. Este consiste más bien en llegar a ser adulto y, entonces, obtener logros. El aprendizaje y la experiencia que se desarrollan a lo largo del ciclo vital son diferentes en cada persona.

Algunos llegan a los 25 años y no siguen su proceso de maduración. Otros sólo saben a los 50 años lo que quieren y pueden hacer. La frase "estoy demasiado vieja para esto" es una excusa cómoda para no trabajar en la búsqueda de metas y propósitos. A los 50 años nadie es demasiado vieja para estudiar, ni lo es a los 60 para cambiar el rumbo de su vida.

Un antiguo y sabio proverbio dice: "Las uvas maduran con el tiempo". Si alguna persona cree haber alcanzado su punto máximo de desarrollo a los 30 años, ¿qué va a hacer cuando tenga 50 o 60?

Los *años dorados* pueden resultar una bellísima etapa de nuestra vida e incluso; para muchas mujeres, la mejor de todas, porque nunca como ahora cuentan *con su tiempo* para

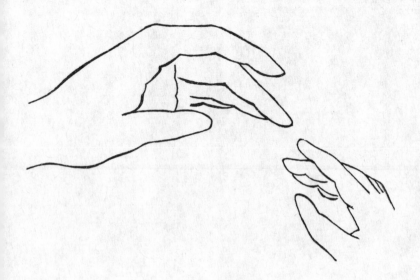

desarrollarse y ser, para experimentar y aprender lo que siempre han deseado, para disfrutar más plenamente la vida, con menos miedos, con más probabilidades de intensidad y acierto.

"Intenta no ocupar tu vida en odiar y tener miedo". (Stendhal, Lucien Leuwen)[33]

Ya le dimos espacio a la belleza de ser madres, a la belleza de trabajar con gran afán, a la belleza de cocinar, a la belleza de ayudar a otros a crecer, ahora es el tiempo de darnos espacio a nosotras mismas y a la belleza de nuestra madurez. Es como empezar a vivir siendo más yo, estando más completa y sabiendo querer mejor.

Como expresaba una mujer con gran capacidad de disfrutar la vida: "Yo no podría saber lo que sé hoy día si no tuviera la edad que tengo. Tengo la oportunidad permanente de aprender y de vivir".

---

[33] SAVATER, Fernando, *op. cit.* (p. 189).

12
Tomando las riendas

Toma la vida en tus propias manos.
¿Y qué sucede entonces?,
una cosa terrible, que no tienes a nadie
a quien poder echarle la culpa.

LAS MUJERES hemos sido reacias a tomar la responsabilidad de nuestras vidas, porque se nos ha enseñado que la responsabilidad significa que se nos pueden pedir cuentas de lo que nos ha sucedido y en consecuencia podemos ser reprochadas.

Aceptar toda la responsabilidad de nuestros actos, incluyendo nuestras respuestas emocionales y de comportamiento ante todas las situaciones de nuestra vida, es el paso definitivo a la madurez humana. Aprendimos a explicar nuestros fracasos sobre la base de que no teníamos los recursos para funcionar e incluso alegamos que nuestras estrellas no estaban alineadas. Lo contrario a inculpar o a culparnos es aceptar la responsabilidad total de nuestra vida, de nuestras elecciones y de sus consecuencias, sean inmediatas o de largo plazo.

Si poseo mis respuestas asumo responsabilidad de mis emociones y comportamientos y llegaré a conocerme a mí misma. Mientras trate de explicar mis actos y sentimientos trasladando la responsabilidad a otras personas y situaciones, nunca llegaré a conocer mi verdadero yo. El crecimiento principia donde termina la inculpación.

Decir que tengo la sangre caliente, o el carácter muy fuerte, o que los otros no me dejan hacer tal o cual cosa es inculpar. Seguramente lo aprendimos y lo dimos como un hecho o una reacción natural que los demás deben aceptar a fuerza. Nos volvemos esclavos de los hábitos, como animales amaestrados.

Cuando no se asume la responsabilidad se forma una barrera con la realidad, porque se fabrican falsas explicaciones para hechos verdaderos. Hay personas que siempre están a la defensiva y prefieren responsabilizar a un muerto antes que voltear a verse a sí mismas y responder por su vida.

Cuando nos portamos *bien* por miedo y no por convicción, somos como el niño que al oír la voz de un padre autoritario tiembla y se asusta, pero a la primera oportunidad actuará en sentido contrario. Cuando actuamos conforme a la regla de "no hacer a otro lo que no quieras para ti" nos ubicamos en el terreno de una madurez adolescente y sólo cuando actuamos por genuino compromiso, adquiriremos una madurez adulta, no importa qué tan suaves o qué tan duras hayan sido nuestras elecciones y sus consecuencias.

Si cambiamos el *puedo* por el *quiero elegir*, la intensidad de nuestra vida y nuestras posibilidades de logro serán inmensas, porque nos convertiremos en dueñas de nuestra vida y colocaremos en nuestras manos el poder de decidir la vida y la actitud con que anhelamos construirla.

En lugar de decir:	*Afirmar:*
No puedo aprender	*Elijo aprender*
No puedo hacerlo	*Elijo hacerlo*
No puedo darme tiempo	*Elijo estar ocupada*
No puedo dejar de sufrir	*Elijo no sufrir*

Cuando afirmo:

YO ELIJO

Entonces toda yo y todo a mi alrededor se ilumina y miles de muros empiezan a derribarse. Aun cuando enfrente lo inevitable puedo seguir afirmándolo. Pude no haber escogido la familia en que nací, el país, mi color de piel o mi estatura, pero sí puedo ELEGIR mi actitud frente a todos estos acontecimientos.

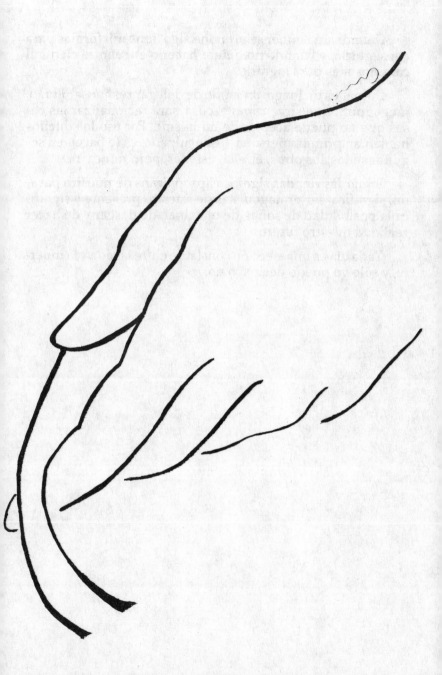

Cuando una mujer se propone algo tiene mil formas para conseguirlo, y cuando no quiere hacerlo encuentra cien mil caminos más para lograrlo.

Culpar es un juego, un modo de delegar responsabilidad, juego inútil que sirve como excusa para racionalizar las cosas que no puedo aceptar de mí mismo. Por eso los dueños hablan en primera persona, los inculpadores lo hacen en segunda: ellos, los otros, él, ella, ustedes, pero nunca YO.

Tomar las riendas significa apropiarnos de nuestro pasado, significa ser protagonistas de nuestro presente y significa la posibilidad de soñar, de imaginar, de desear y de hacer realidad nuestro futuro.

Cada día es una elección constante entre la vida y la muerte, y sólo yo puedo decir sí o no.

13
De profesión mujer

Dios, siendo inmensamente sabio, sólo sabe contar hasta uno,
porque, cada uno de nosotros, somos el universo.

CARLOS LLANO

*E*L SEÑOR *sumió a Adán en un profundo sueño —sólo agarrándolo*
dormido pudo hacerle eso—, le sacó una costilla y de la costilla
hizo a Eva.

Despertó el hombre y vio a la compañera que el Creador había
formado para él.

—¿Qué es esto? —preguntó.
—Es una mujer, respondió el hacedor con una gran sonrisa de sa-
tisfacción. No hay nada en el mundo como ella. Es mi obra maestra,
la suma de todas las perfecciones.

—¿Así de perfecta es? —desconfió Adán. —¿Estás seguro de que
no va a fallar?

—¿Fallar?— se molestó el Señor. —¿Estás loco? Y añadió luego,
alzando la cabeza con orgullo. —Es insumergible.[34]

Emily H. Mudd, psiquiatra y consejera matrimonial de la
universidad de Pensilvania, afirma: "A lo largo de la historia,
las mujeres han demostrado una sorprendente facilidad y vi-
talidad para desempeñar todos los cargos que les han sido
asignados, los que han cumplido sin abandonar su continua
y básica función de traer hijos al mundo". Eso del sexo débil
es un mito inventado por aquéllos que tienen temor de fallar
y ser rebasados.[35]

---

[34] FUENTES, Armando, 1998, *El Heraldo de Chihuahua: Mirador*, (Organización Editorial Mexicana, p. 6, México).
[35] ACUÑA, Alfonso, 1996, *Sexo y mujer*, (Edit. Planeta, 1a. ed. p. 85, Colombia).

Dentro de la fuerza laboral o dentro de la casa, las mujeres se perfilan como ejes de los grandes movimientos actuales. En muchos sectores los líderes son las mujeres. "Tuve oportunidad de conocer a muchas líderes de esas bases tan preciadas del partido *oficial* —expresaba un político—. Ellas siempre llegaban temprano, acicaladas como para un día de fiesta: algunas con sus chinos engomados sobre la frente, las 24 horas que les tiene asignado el día se convierten en 36 y hasta en 48, con tal de lograr lo que se proponen. Estas protagonistas de la última década del siglo reciben motes desde *gucci-guerrilleras* hasta enfurecidas hormonales y el muy socorrido PVL (pinche vieja loca)." Pero nadie niega su efectividad y avance.

Su capacidad de convocatoria es impresionante. Las mujeres son las que están al tanto de todo y dan la voz de alerta, salen a recabar firmas, manejan las redes telefónicas para convocar a la protesta, pintan las mantas, hacen las antesalas, voltean, apoyan a los candidatos y cuidan las casillas al igual que la cabecera de un hijo enfermo.

Las mujeres actuales se unen a causas públicas y privadas, y son capaces de pelear por una brizna de hierba con igual intensidad que por un cerro o una nube, siempre y cuando les parezca una causa justa. Las mujeres se involucran en los proyectos más inverosímiles, adoptan las causas más extremas y pelean hasta las batallas más perdidas... Porque son perfectas administradoras de lo más preciado que tiene el hombre: el tiempo.

Mediante el ejercicio de sus derechos políticos, ellas son quienes decidirán el rumbo democrático de las naciones. Eso lo saben los gobernantes y los partidos. Lo que no todos saben es que cada vez más las mujeres están dispuestas a modificar lo necesario para vivir de un mundo equitativo. Abrir las anchas puertas de la vida plena a las que vienen detrás.

La gran noticia es que ya no hay marcha atrás. Las mujeres decidimos abandonar el continente del silencio, y no volver a habitarlo jamás. Hemos hecho nuestras las palabras y acciones fecundas que cuestionan, informan, imaginan, proponen nuevos modos de ser con los otros...

Estas mismas mujeres cambian sus personalidades de amas de casa en tan sólo unas horas a ejecutivas, secretarias, mamás, consejeras... Hacen camas y dictan memos, cocinan y van al banco. Esas mismas mujeres, además, obsequian parte de su tiempo consiguiendo fondos para niños de la calle, para combatir la drogadicción entre los jóvenes, o simplemente para apoyar a un compañero de trabajo. Ha sido tal su empeño por ocupar su espacio y figurar, que ahora su indignación va más allá de las fronteras del hogar, de la oficina y de la mesura.

Las mujeres de hoy reclaman igualdad en la diferencia, trato justo en todos los ámbitos. Porque hoy trabajan fuera del hogar, tienen vida más allá de las cuatro paredes de su casa. Ganan su propio dinero, asisten a las escuelas, ejercen profesiones, eligen a sus parejas, dan cátedra en las universidades, legislan, proponen nuevos modelos de desarrollo comunitario y los llevan a cabo. Y lo mismo obtienen triunfos en competiciones atléticas y científicas que exigen el cumplimiento de sus derechos ciudadanos, promueven cambios a leyes discriminatorias, dicen no al maltrato dentro y fuera de la familia, demandan el respeto a su voto en la elección de gobernantes.

Se ha despertado el gigante que estaba dormido y tal parece que nadie detendrá su marcha, si acaso sólo las mismas mujeres podrán hacerlo. Este despertar deberá conducirnos a caminos mejores e insospechados, pero sobre todo, a una realización más humana, más plena, más profunda de nuestra persona y a lograr esa felicidad tan anhelada y justa.

Espero que mis hijas no se pregunten en el futuro si las mujeres valen igual, pueden lo mismo, sienten profundo, anhelan imposibles, son capaces de crear en lo terreno y en lo sublime. Anhelo que, sabiendo que es así, se pregunten entonces cómo colaborar en la construcción de un mundo más justo y bueno para todos, sin excepción.

El desafío no es asumir la misma posición que los hombres mantuvieron o mantienen para con la mujer, porque acabaríamos en lo mismo y el escenario sería peor que el actual.

Sería adoptar una posición de estar en contra de. Yo elijo la segunda alternativa: estar a favor del ser humano y todo lo que eso pueda significar.

La primera condición para lograrlo es ser dueñas de nuestras vidas, tenemos ante nosotras la opción de vivir nuestras vidas y no dejar este placer a otra persona. La vida es un continuo querer vivir y requerimos coraje y pasión para lograrlo.

Cuanta más capacidad de acción tengamos, mejores resultados podremos obtener de nuestra libertad.

"Tanto la virtud como el vicio están en nuestro poder. En efecto, siempre que está en nuestro poder el no, lo está el sí, de modo que si está en nuestro poder el obrar cuando es bello, lo estará también cuando es vergonzoso, y si está en nuestro poder el no obrar cuando es bello, lo estará, así mismo, para no obrar cuando es vergonzoso". (Aristóteles, Ética para Nicómano).[36]

Debemos abrazarnos, sacudirnos y despertarnos, para entonces poder abrazar la vida, sentir sus caricias, oír su latido, observar la belleza de todo nuestro alrededor y respirar con fuerza para retomar el coraje y renacer a una vida nueva.

Los seres humanos tenemos el don de muchas vidas, de muchas muertes, de muchos renacimientos. El amor es siempre el deseo de que aquello que amamos viva, dure y prospere en el tiempo, para siempre. El amor quiere el bien del otro *para siempre*. De ahí la obligación de amarnos para llegar a trascender más allá de la vida biológica e inmediata.

Vivir no es una ciencia exacta, como las matemáticas, sino un arte, como la música. De la música se pueden aprender ciertas reglas y se puede escuchar lo que han creado grandes compositores, pero si no tienes oído, ni ritmo, ni voz, de poco va a servirte todo eso.

---

[36] SAVATER, Fernando, 1991, *Ética para amador*, (Edit. Planeta Mexicana, ed. 23a., pp, 30 y 49).

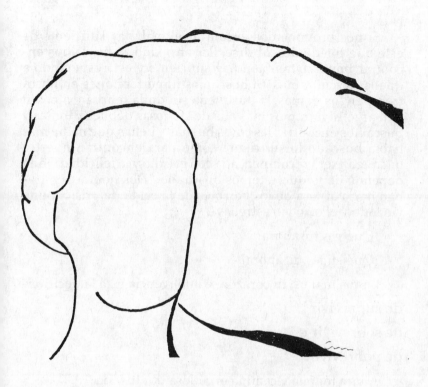

La buena vida no es algo general, fabricado en serie, sino que sólo existe a la medida. Cada cual debe ir inventándosela de acuerdo con su individualidad, única, irrepetible... y frágil.

La vida no es como las medicinas, todas vienen con su prospecto en el que se explican las contraindicaciones del producto y se detalla la dosis en que debe ser consumido.

Ya que se trata de elegir, procura elegir siempre aquellas opciones que permiten luego mayor número de otras opciones posibles, no las que te dejan con la cara a la pared. Elige lo que te abre: a los otros, a nuevas experiencias, a diversas alegrías. Evita lo que te encierra y lo que te entierra.[37]

---

[37] SAVATER, Fernando, *op. cit.*, (pp. 186-188).

Si nos proponemos encontrar el mal, hay suficiente de éste que puede descubrirse. Por otro lado, si buscamos encontrar bondad, también hay suficiente y está esperando a que la descubramos. Si buscamos imperfecciones en nosotros y en los demás, la búsqueda sin duda tendrá éxito. Sin embargo, si miramos más allá de las cosas débiles y tontas y buscamos encontrar las cosas buenas y bellas que nadie más había buscado lo suficiente como para encontrar, nuestra búsqueda será recompensada con el éxito y la felicidad. Todo depende de lo que estemos buscando. "Dos hombres miraban hacia afuera de los barrotes de la celda de prisión, uno vio lodo y el otro vio estrellas".

¿Qué ves tú, ahora?

¿Qué eliges tú, ahora?

En tus manos, tu corazón e inteligencia está la decisión

de supervivir

de sobrevivir o

de pobrevivir.

Ahora tómala y camina orgullosa por tu vida.

Yo quiero

Yo quiero ser una mujer consciente del privilegio de la vida, yo quiero ser alguien, para responder con ello a los talentos que Dios me ha regalado.

Yo quiero ser feliz siendo yo misma, conforme a mi vocación y a mis sueños.

Yo quiero tener el coraje de ser libre para elegir mis caminos, vencer mis temores y asumir las consecuencias de mis actos.

Yo quiero tener alegría para reír, para construir mi camino a la felicidad, para sentir la energía de vivir intensamente.

Yo quiero tener éxitos, pero también fracasos que me recuerden mi condición humana, la grandeza de Dios y el peligro de la soberbia.

Yo quiero sentir, ser completa, amarme, reconocer que soy única, irrepetible e irreemplazable, que valgo porque han depositado en mí una chispa divina y soy polvo de estrellas.

Yo quiero cobrar conciencia de que nadie puede lastimarme a menos que yo lo permita.

Yo quiero ser luz para mi pareja, mi familia y mis hijos, porque así les ayudaré a crecer sin miedos y con responsabilidad.

Yo quiero dejar de ser víctima para recobrar la capacidad de autogobernarme.

Yo quiero querer el presente, elegir el futuro y trabajar para conseguirlo, incansablemente.

Yo quiero recordar el pasado, pero no vivir en el ayer, quiero soñar en el futuro, sin despreciar el presente, sabiendo que lo único seguro es el hoy, el aquí y el ahora.

Yo quiero perdonarme mis errores, mis culpas, mis caídas y viajar más ligera de equipaje.

Yo quiero renacer a cada día, decir sí a la aventura de la vida y del amor.

Yo quiero trascender por mis silencios, por mis palabras, por mi hacer y mi sentir.

Yo quiero sentir a Dios que vive en mí y agradecerle su infinita paciencia para esperarme, su entrega incondicional y su presencia, aunque a mí en ocasiones se me olvide agradecerle el que me haya elegido mujer.

Yo quiero ser una vividora de la vida, ser capaz de disfrutar la belleza y descubrirla o construirla donde está escondida, disfrutar la risa, pero también el llanto.

Yo quiero dejar de sobrevivir y atreverme a supervivir.

Yo quiero construir mil estrellas en el infinito y tener el valor de ir a alcanzarlas.

Yo quiero ser mujer completa, no sustituto, menos objeto, saber querer, saber decir sí, pero también no.

Yo quiero repetirme a diario:

¡Qué suerte he tenido de nacer!

¡Qué suerte tengo de estar aquí!

¡Qué suerte de SER MUJER!

Josefina Vázquez Mota

Bibliografía

Alberoni, Francesco, *Valores: 23 Reflexiones sobre los valores más importantes*, Gedisa, España, 1994.

Ballina, Jorge, *Cuadernos de Reflexión universitaria*, Universidad Iberoamericana, México, 1993.

Barnetche, María, Barnetche, Elia y Prieto, Tesha. *Libre de adicciones*, Promexa, 5a. ed., México, 1994.

Bosmans, Phil, *365 Días: Empieza a vivir el lunes con el humor del viernes por la noche*, Ediciones 29, España, 1988.

Bravo, Armando S.J., *Calidad de vida y exigencias éticas*, Universidad Iberoamericana, 1996.

De Mello, Anthony, *Reflexiones de Anthony de Mello: Perder los miedos*, Lumen, 2a. ed., Argentina, 1994.

De Mello, Anthony, *Reflexiones de Anthony de Mello: Autoliberación*, Lumen 2a. ed., Argentina, 1994.

Basave del Valle Fernández, Agustín, *Síntesis México: Un camino para conocerlo y amarlo*, Noriega, México, 1993.

Eyre, Linda y Richard, *Cómo enseñarles alegría a los niños*, Norma, 2a. ed., Colombia, 1987.

Fulghum, Roberto, *Todo lo que necesito saber, lo aprendí en el jardín de niños.* Ivi, 39a. ed., Canadá, 1993.

Hincapié A., Elvira Olga, *La mujer integral: Lineamientos Psicopedagógicos*, San Pablo, Colombia, 1994.

Ingenieros, José, *El hombre mediocre*, Mexicanos Unidos, 2a. ed., México, 1978.

Isaacs, David, *La educación de las virtudes humanas*, MiNos, 11a., ed., México, 1995.

ISTMO, *Revista del Pensamiento Actual*, Centros Culturales de México, No. 224, México, 1998.

Laboral, *La práctica jurídico administrativa*, Grupo Gasca, No. 65, México, 1998.

Lafarga, Juan, *Fuego para el propio conocimiento*, Universidad Iberoamericana, México, 1997.

Luhmann, Niklas, *Confianza*, Anthropos, España, 1996.

Morgan, Robin y Falcón, Lidia, *Mujeres del mundo*, Hacer 2a. ed., México, 1994.

Oliveros, F. Otero, *La felicidad en las familias*, Loma, México, 1988.

Paterson, Orlando, *La libertad*, Andrés Bello, Chile, 1991.

Rojas de González, Nelly, *La pareja*: Cómo vivir juntos, Planeta, 5a., ed., México, 1995.

Salvoldi, Valentino y Häring, Bernard, *Tolerancia: para una ética de solidaridad y paz*, Hijas de San Pablo, Colombia, 1995.

Satir, Virginia, *Vivir para amar: un encuentro con los tesoros de tu mundo interior*, Pax,

Impreso en:
Programas Educativos, S.A. de C.V.
Calz. Chabacano No. 65 Local A
Col. Asturias 06850 - México, D.F.
Enero, 2001
Empresa Certificada por el
Instituto Mexicano de Normalización
y Certificación A.C., bajo la Norma
ISO-9002: 1994/NMX-CC-04: 1995
con el Núm. de Registro RSC-048,
y bajo la Norma ISO-14001: 1996/SAA-1998
con el Núm. de Registro RSAA-003